La Jeune Millionnaire
en affaires

ELIANE GAMACHE LATOURELLE
MARC FISHER

La Jeune Millionnaire
en affaires

UN MONDE 🏃 DIFFÉRENT

Catalogage avant publication de Bibliothèque et Archives nationales du Québec et Bibliothèque et Archives Canada

Gamache Latourelle, Eliane, 1984-
  La jeune millionnaire en affaires
  ISBN 978-2-89225-889-9

  1. Succès – Aspect psychologique. 2. Succès dans les affaires. I. Fisher, Marc, 1953- .
II. Titre.
BF637.S8G352 2015   158.1   C2015-942008-3

Adresse municipale:
Les éditions Un monde différent
3905, rue Isabelle, bureau 101
Brossard (Québec) Canada J4Y 2R2
Tél.: 450 656-2660 ou 800 443-2582
Téléc.: 450 659-9328
Site Internet: http://www.umd.ca
Courriel: info@umd.ca

Adresse postale:
Les éditions Un monde différent
C.P. 51546
Greenfield Park (Québec)
J4V 3N8

Dépôts légaux: 4e trimestre 2015
Bibliothèque et Archives nationales du Québec
Bibliothèque et Archives Canada
Bibliothèque nationale de France

Conception graphique de la couverture:
OLIVIER LASSER

Photo de la couverture:
CAROLINE LANGEVIN

Photocomposition et mise en pages:
ANDRÉA JOSEPH [pagexpress@videotron.ca]

Typographie: Minion 12 sur 15 pts

ISBN 978-2-89225-889-9

Financé par le gouvernement du Canada | **Canadä**
Funded by the Government of Canada

Gouvernement du Québec – Programme de crédit d'impôt pour l'édition de livres et l'aide à l'édition – Gestion SODEC.

IMPRIMÉ AU CANADA

« *Je suis jeune, il est vrai, mais aux âmes bien nées,*
la valeur n'attend point le nombre des années. »

— CORNEILLE

Sommaire

Remerciements

De la part d'Eliane

Merci tout d'abord à tous ceux qui prennent le temps de me lire, m'écrire, me suivre, de venir me parler, me consulter... C'est grâce à vous si je suis mon cœur, ma vocation... Aider ceux qui ont des rêves à passer à l'action. Merci de tout mon cœur de démontrer que tout est possible... même l'impossible !

Je tiens aussi sincèrement à remercier :

Marc Fisher, mon coauteur, mon mentor. Merci d'être là jour après jour dans mon évolution et d'apporter ce brin de folie dans ma vie. Je remercie par le fait même ta femme, Mélanie Chouinard, qui a accepté de repousser son voyage de noces pour que tu puisses mettre la dernière main à notre livre. Belle preuve d'amour, je trouve.

Derek Morin, d'avoir commenté les 20 premières pages presque 21, mais surtout d'être mon ami, de me faire rire, de croire en moi et de prendre soin du cœur de mon amie,

Danielle Hébert. Danielle, merci de demeurer une fidèle amie, malgré toutes les tempêtes de la vie.

Catherine Lechasseur, pour ce lien d'amitié qui revêt une grande valeur à mes yeux.

Judith Ritchie, pour ta profondeur d'âme et ta présence dans ma vie. Tu es une amie très, très importante.

À Automobile Porsche Lauzon et son directeur Michel Larin. Merci de nous avoir prêté une voiture et de nous avoir permis d'envahir votre concessionnaire pour la page couverture de notre livre. Michel, tu as été franchement merveilleux avec nous.

Joëlle Désaulniers, de t'occuper de mon style, de mes vêtements, de mes bijoux : tout ce qui me casse la tête, quoi ! Tu simplifies ma vie avec tout ton talent. Tu es belle à regarder aller.

André Dupuy, merci de toujours comprendre l'inexplicable. Merci d'être un précieux ami.

Daniel Germain, parce que tu crois en ma destinée et mon rêve, comme je crois au tien.

Caroline Langevin, pour ta patience et ton talent. Merci pour la photo de la page couverture.

Richard Turcotte, un ami, un complice. Merci d'être simplement toi… L'Artiste de ta vie☺.

André Dorais, merci d'être là pour moi.

Jacques Lépine, parce que je t'aime simplement. Merci d'être réellement là pour moi… et merci d'avoir participé à la rencontre de l'homme de ma vie : une de tes meilleures « transactions », je crois !

Geneviève Borne, parce que tu es comme un ange descendu du ciel.

Pierre Senez et sa fille Elisabeth Senez, je suis sans mots sauf… merci !

Angela Carter, merci de faire partie de ma vie quotidienne. Tu es merveilleuse.

Valérie Hébert, merci de ta précieuse aide pour la couverture.

Brigitte Chabot, de Brigitte Chabot Communications (BCC) et à toute son équipe pour avoir cru en moi dès le JOUR 1 et de m'avoir aidée à faire un best-seller du LIVRE 1 : *La Jeune Millionnaire*… Merci de m'avoir mise au monde médiatiquement parlant… Un petit remerciement spécial à Katia Bouchard d'être là tous les jours pour moi.

À tous les ACTIVÉS… Merci d'avoir participé à des activations, d'être passés à l'Action, d'avoir réalisé des rêves et de vous entraider… Vous êtes une de mes raisons de travailler. Un merci spécial à Marc-André Bernier, tu m'inspires.

Stéphanie Martin, merci de nous aider quotidiennement à monter la plus grosse équipe Arbonne au Québec et d'être un exemple de réussite dans ton domaine pour des centaines de femmes.

Josée Champagne, d'ANEB Québec, pour avoir eu l'idée de m'offrir la présidence d'honneur pour sa campagne de financement. Je suis touchée et j'espère qu'ensemble nous aiderons des milliers d'humains à vaincre les troubles alimentaires, pour que tous ces gens atteints cessent de souffrir.

Danièle Tremblay, merci d'avoir proposé ma candidature pour le CA de la Fondation l'Accueil Bonneau et à tous les membres de m'y avoir accueillie à bras ouverts.

Jessie Deroy et Martin Lachance, des Remorques Leblanc, parce que vous êtes simplement les plus fous.

Valérie Tremblay, pour me rappeler pourquoi je fais mon travail et surtout pour avoir rencontré un ange. N'oublie jamais que ta place est sur terre, pas au ciel… pas tout de suite en tout cas !

Cyndie Drolet, Karol-lyne Fontaine, Manon Poitras, Mylène Pelletier, Patrick O'Brien, les premiers lecteurs, pour vos commentaires instructifs.

Stéphanie Diotte, Marc-Antoine Yelle et Mila, des Rampes MIRIK, merci d'être qui vous êtes comme humains. Merci de nous supporter, Pat et moi (on n'est pas de tout repos), et pour tous ces beaux moments partagés. Steph, je t'aime beaucoup.

Mélanie Roldan de m'apporter toute ton aide pour le lancement, de croire en moi, je crois en toi. Longue vie à Mille et un plaisirs. Merci aussi à Marie-Pier Brien, chez Impuls Événements pour ton appui. Les filles, vous êtes mon inspiration, mon sourire quotidien…

Anne-Josie Roy, parce que tu es la meilleure coach santé.

Jessika Tessier et Lyne Laurin, de TANDEM Signature. Je vous adore simplement. Merci de m'exciter autant avec vos projets.

Merci à Kim Dumais et Kevin Richard de K2 pour tout l'amour qui vous habite.

Martin Drolet, parce que tu es mon voisin que j'adore, même de loin. Merci pour ta présence.

Daniel Blouin et François Lemay… un jour, tous ensemble, on va y arriver. Je vous aime.

David Bernard, pour l'être que tu es dans toute ton évolution.

Merci à tous ceux qui me font confiance bon an, mal an, et qui me donnent une belle raison de me réveiller le matin avec tous vos projets, merci les EDR !

Anny Fouquette, simplement pour ta fidélité, la personne que tu es, ton aide, ta patience, ta bonté, ta générosité, sans toi je n'y arriverais pas.

Michel Ferron, Manon Martel, Monique Duchesneau, Lise Labbé et Olivier Lasser, des Éditions Un monde différent. Michel, merci pour ta confiance, Manon, merci de t'occuper de moi : tu es une deuxième mère pour moi… même si tu es assez jeune pour être ma grande sœur, je le précise.

Au GROUPE FRASER, Nathanaël Despeignes, Jean-Philippe Fraser, Alexandre Quirion, Andréanne Bélanger, Diane Bouchard, Sophie Delage, pour tout ce que vous faites avec Pat quotidiennement. Merci de le rendre heureux. Merci spécialement à Nat d'avoir été là cette année pour nous. Je ne l'oublierai jamais.

À Patrick Fraser, pour ton amour véritable. Tu es unique. Je serai toujours là pour toi. Je t'aime sincèrement.

Gabrielle et Victor Fraser, deux petits anges venus du ciel.

Ma mère bien sûr, Carmen, magique et sereine.

Et le dernier, mais non le moindre : mon père dont le départ fut si prématuré.

Papa, je te téléphone au ciel chaque soir (on appelle ça une prière !) pour te dire que tu me manques sans bon sens. Oui, tu as laissé un grand vide dans la vie et le cœur de ta petite fille, pharmacienne de formation, femme d'affaires par vocation, femme de cœur, au fond, cher Apothicaire de Dieu. Merci pour ta lumière quotidienne ! Merci de veiller sur moi, je sais que tu le fais : tu m'as envoyé ton remplaçant sur terre pour s'occuper de moi : il ne t'égale pas (beaucoup s'en faudrait !), mais il fait son gros possible, ce cher Marc Fisher.

Je t'aime.

***

Remerciements de Marc Fisher à :

Ma femme Mélanie, qui a l'amour ou la patience de me laisser écrire de si longues heures et qui m'inspire tous les jours…

Eliane, coauteure idéale, complice de chaque folie…

Christine Michaud, une inspiration constante…

Serge Beauchemin, inspiré, inspirant…

Erik Péladeau, philosophe par excellence… et Nathalie Lesage, sa sage et blonde compagne…

Mes amis de toujours, Pierre et Jean Rozon, Maurice Brunelle…

Chan Tep, Orientale et sage en ses conseils…

Pamela Sauvé, dont les conseils littéraires nous furent si utiles…

Jocelyne Cazin, qui a tracé la voie pour bien des femmes…

Isabelle Maréchal, dont la blonde voix nous aida au quotidien…

Lise Watier, croisée au hasard au Ritz, et dont le parcours exceptionnel nous a inspirés…

Jean-Louis Couturier, une sorte de deuxième père pour moi malgré sa jeunesse…

Majoly Dion, talentueuse et courageuse, collaboratrice précieuse…

Sophie Bérubé… jeune mariée pleine d'humour…

Mariève Tremblay, dont l'enthousiasme pour le manuscrit nous a mis en feu…

Janic Losier qui a tout de suite crié : « Moi aussi je veux être la jeune millionnaire ! »

Vicky Girouard qui a crié la même chose.

Annie Létourneau, conférencière de grand talent : merci de tes encouragements.

Mélanie Fortin, romancière douée, aux conseils assurés.

Marc-André Morel, pour ses conseils stratégiques.

Janie Duquette, auteure au même combat.

Caroline Codsi, engagée dans une lutte similaire…

Carolyn Chouinard, romancière, pour ses notes et contre-notes.

Annie Dupont, brillante directrice marketing, responsable des commandites...

Lise Labbé, dont l'œil de lynx a repéré nos oublis, poli nos maladresses...

Toute l'équipe d'Un monde différent : Michel, Manon, Monique...

...mon défunt père Charles Albert Poissant, qui m'a laissé le plus bel héritage : ses valeurs, l'optimisme, la discipline, l'ambition, le travail acharné et la joie de vivre...

« Petite mère », qui m'a légué sa verve intarissable et l'amour des fleurs...

Et ma fille Julia, qui me dit tous les jours : « Je t'aime, peuuupa » et m'apporte un œuf au miroir sur mon bureau...

Voilà !

1

Comment extraire ton premier million d'une humiliation
– *en deux ou trois leçons faciles*

J'avais 10 ans. Ou peut-être 9 seulement.

Je revenais de l'école, que j'adorais et où j'excellais, surtout pour plaire à mon père, que je ne voulais pas décevoir.

Habituellement, seule ma mère m'accueillait à la maison. Mais cet après-midi-là, un « visiteur » inattendu m'attendait : mon père !

Il était assis, ou pour mieux dire effondré sur le sofa, juste à côté de maman, qui lui tenait la main, comme on tient celle d'un condamné, d'un grand malade – ou de quelqu'un qui vient de recevoir la visite d'un agent du fisc !

Excitée, malgré cette première mauvaise impression, je cours vers lui, l'embrasse, le questionne : « Wow ! papa tu as pris congé ! »

Il faut comprendre que, pour mon père, prendre congé était plus qu'inhabituel : il ne se permettait pas une semaine complète de liberté par année, travaillait souvent sept jours sur sept.

Il était un bourreau de travail, mais son travail fut son bourreau !

Et l'exécuta, avec un de ses instruments de mort préférés : le cancer qu'on croit à tort messager du hasard ou de quelque proche ou lointaine hérédité.

Il avait à peine 62 ans !

La cérémonie des adieux fut brève, mais combien instructive pour moi (voir les derniers chapitres de *La Jeune Millionnaire*).

Devant la lenteur de mon père à me répondre – c'est la honte qui le rendait muet – j'insistai :

« Que se passe-t-il ? Tu n'es pas à la pharmacie ? »

La pharmacie, c'était sa seconde maison, ses clients, sa seconde famille. Non pas qu'il ne nous aimait pas. Bien au contraire, il nous adorait, ma mère et moi, mais, vu son angoisse viscérale de manquer un jour d'argent, son amour pour nous se traduisait un peu paradoxalement par d'interminables absences.

Il voulait être sûr que nous ne manquerions de rien, sans songer que ce qui me manquait le plus, c'était lui, oui, LUI, sa simple présence qui n'était peut-être rien pour lui, mais était tout pour moi.

Il faut du pain sur la table, certes, mais il ne faut pas laisser le cœur de ceux qu'on aime mourir de faim.

L'œil humide, même s'il répugnait à montrer ses émotions – je l'avais surnommé non sans raison le Mur : il était comme un acteur de film muet quand venait le temps de parler de ce qu'il ressentait ! – il m'avoua :

« Eliane, je n'ai plus mes pharmacies, ils me les ont reprises !

— Mais je ne comprends pas, papa, tes pharmacies, elles étaient à toi, non ? Qui a pu te les enlever ?

— La franchise. »

La franchise ?

Je ne comprenais pas.

Mon père m'en avait toujours vanté les vertus, si bien que j'avais toujours tenu à dire la vérité, même si parfois elle pouvait être désagréable.

À l'âge adulte, j'en ai même fait une sorte de devise, de credo, de cheval de bataille que j'appelle l'authenticité. J'y reviendrai.

« C'est trop compliqué pour une enfant », m'a-t-il dit.

Mais moi, justement, je ne me considérais pas comme une enfant.

Je vivais depuis longtemps comme une grande personne. Alors j'ai insisté.

« La franchise, c'est les messieurs qui ont toutes les pharmacies, m'a alors expliqué papa, il a fallu que je leur remette mes clés. Ils m'ont même enlevé mon cellulaire. »

L'humiliation, le chagrin de mon père sont alors passés directement de son cœur au mien : je comprenais la chose terrible qui venait de se passer.

J'avais 10 ans ou peut-être 9 seulement, mais j'avais depuis longtemps l'âge de l'entendement.

2

Je prends des résolutions
de jeune millionnaire

Comme je ne voulais pas que le spectacle de ma peine augmente celle de mon père, je me suis réfugiée dans ma chambre, et j'ai longuement pleuré.

Tentant de sécher mes larmes, je me suis fait une promesse un peu bizarre pour une enfant de mon âge : mais j'avais déjà ouvert un compte en banque en première année, et j'avais 300 $ d'épargnés grâce à tous les petits emplois que j'avais précocement exercés.

Oui, comme chez moi le chagrin, la déception, conduisent toujours – ou presque – à des résolutions qui conduisent toujours – ou presque – à des actions, je me suis dit (sans doute pas exactement dans ces termes précis, mais ça revient au même) : *Je ne sais pas si je pourrai venger un jour mon petit papa de l'humiliation*

*qu'"Ils" ou la franchise lui ont fait subir, je ne sais pas s'il s'en relè-
vera jamais, mais ce que je sais c'est que je ferai tout en mon pouvoir pour ne jamais subir pareil sort.*

En un mot comme en mille, malgré mon jeune âge, je me
suis dit (je vendais déjà de la limonade à 5 ans et aidait mon père
à 8 ans, à la pharmacie) : *Jamais personne ne pourra m'enlever mes
clés. Jamais personne ne me traitera comme ils ont traité papa : à
30 ans, je serai millionnaire* !

Il est vrai que, au réveillon de Noël précédent, j'avais entendu
un ami de la famille dire qu'il était millionnaire et m'expliquer ce
que c'était : ça m'avait plu. Vraiment.

À la sortie de l'université, diplôme de pharmacienne en
poche, j'avais 24 000 $ de dettes.

Mais, à la vérité, je m'en moquais.

Je veux dire : je ne m'en moquais pas vraiment, mais je ne
laissais pas le poids de cette dette alourdir ma légèreté d'être, ma
confiance dans la vie.

Et surtout, je ne laissais pas cette pensée ou l'angoisse de
cette dette me détruire, comme la chose était arrivée avec mon
petit papa : il en était mort, mort et enterré, sans billet de retour,
pour l'éternité, et il ne m'a laissé aucun numéro de téléphone
pour le joindre ou même seulement un message sur son répon-
deur céleste pour que je puisse lui dire mon désespoir de ne plus
pouvoir le voir, de ne plus pouvoir lui parler : la Vie est si cruelle
parfois et tous les millions que j'ai, je les donnerais volontiers, si
on me donnait la possibilité de lui parler une dernière fois, de lui
demander comment ça va, mon petit papa ? C'est O.K. là-bas ? Je
veux dire dans l'au-delà. Es-tu devenu comme tu l'annonçais
dans le journal de tes derniers jours sur terre (condamné par le
tueur à gages appelé cancer) : l'Apothicaire de Dieu ? Ce ne serait

pas si mal comme fin de carrière, quand même, Apothicaire de Dieu !

Mais pour ne pas subir le même sort que papa, je ne laissais pas l'argent – et surtout l'angoisse d'en manquer qui mine tant de gens et au fond, un peu paradoxalement, les empêche d'en gagner vraiment –, me mettre des bâtons dans les roues. Je ne me laissais pas alourdir par le poids de mes dettes : j'avais des ailes. La Vie était devant moi, magnifique, magique, pleine de promesses, d'opportunités d'affaires, de défis, de folies que je saurais traduire en profits : car c'est ça, au fond, faire des affaires !

3

Ne sois pas une « Standard ! »

Dès notre jeune âge, la société nous fait absorber une pilule – une sorte de somnifère.

Qui endort nos rêves, notre originalité, ce que nous sommes vraiment, en somme.

La dose administrée aux femmes est en général encore plus sévère : il faut se conformer, faire comme tout le monde, penser comme tout le monde, dire comme tout le monde, devenir ce que j'appelle une « Standard ».

Difficile d'y échapper, je sais, quand, pendant des années et surtout depuis ton plus jeune âge, tu t'es fait répéter la même chanson par tes parents, tes professeurs, tes amis, ton petit ami ou ton mari : tous des grands génies des affaires évidemment, qui ont eu des succès éblouissants, sinon ils ne te conseilleraient pas de rentrer ou plutôt de rester dans le rang, de ne pas rêver en couleurs: le noir et blanc est ton destin, sois comme tout le monde, tu mourras intérieurement, mais ça ne rendra pas ton entourage mort de jalousie.

Tu veux être différente, refuser d'être une Standard?

Tu augmentes par la même occasion tes chances d'entrer dans le Club des jeunes millionnaires.

C'est toi et TOI seule, oui, toi seule à qui revient la décision, qui peut rêver avoir ta carte de membre, la demander et finalement l'obtenir!

Même si en ce moment tu en arraches, tu es sans emploi ou exerces un travail qui ne te paie pas à ta juste valeur, ou qui te paie assez bien, mais où tu ne te sens plus… bien! Depuis longtemps.

Si tu rêves encore, si tu as confiance en toi, si tu es prête à te relever les manches, à travailler fort, à foncer, tu as tout ce qu'il faut.

Mais ce n'est pas facile, je sais, de croire en toi, en ta valeur, en ton avenir de millionnaire – jeune ou pas, soit dit en passant, car on peut le devenir à tout âge.

Ils sont si nombreux à tenter de te diminuer.

Ils le font souvent inconsciemment, il est vrai, car ils ont subi le même sort dans le passé.

Et ils répètent ce qu'ils ont appris comme de tristes perroquets de l'échec.

Ils te dénigrent, tentent de t'attacher sur la plage de tes rêves comme les lilliputiens ont tenté en vain de faire avec Gulliver, avec les fils souvent invisibles et pourtant combien dangereux de leurs remarques blessantes, de leurs critiques, de leurs stupides leçons de réalisme. « Je dis ça pour toi, pour ton bien. Si tu ne m'écoutes pas tu vas te retrouver le bec à l'eau, tu vas tout perdre ! »

Comme antidote de leur venin, qui a souvent un effet plus dévastateur que tu penses, garde en tête, ou mieux encore affiche sur l'écran de ton ordi, sur le miroir de ta salle de bain, sur ton frigo, ce qu'a dit le grand Picasso : « Certains peintres transforment le soleil en point jaune ; d'autres un point jaune en soleil. »

Autour de toi, et même en toi – car on finit souvent, hélas, par penser comme les gens autour de nous, bien souvent des Standards ! – y a-t-il plus de peintres qui transforment le soleil de tes ambitions en point jaune ou de point jaune en soleil ?

Pose-toi la question et surtout oui, SURTOUT, réponds-y !

Ça t'aidera assurément à demander la bonne chose à la Vie.

Demander, entre autres choses, le bon nombre de millions, au génie de la lampe, que chacun porte en soi, même s'il ne le sait pas.

En 2013, il y a eu aux États-Unis, 1 100 000 nouveaux millionnaires.

Oui, 1,1 million !

Je sais, certains étaient sans doute déjà sur le point de l'être, l'année précédente.

N'empêche, dans le monde, année après année, malgré les prophètes de malheur, le nombre de millionnaires explose.

Alors pourquoi pas toi ?

Oui, TOI !

Peu importe où tu te trouves au moment où tu lis ce livre.

Si tu doutes de cette affirmation, pense à Lise Dion !

Jeune, sans véritable instruction, refusée à l'École nationale de l'humour, car elle ne répondait à aucun des critères d'admission, elle vendait des beignes chez Dunkin' Donuts. Je m'empresse de préciser que je pourrais faire mienne la maxime célèbre : « Il n'y a pas de sot métier, il n'y a que de sottes gens. »

Lise Dion, qui a fracassé tous les records de vente de billets pour ses spectacles d'humour et a remporté tous les prix ou presque, se voyait-elle comme une vendeuse de beignes, et ce, pour le restant de ses jours ?

Non, son rêve était de devenir humoriste.

Elle savait intuitivement, comme Picasso (et tu me pardonneras de le citer à nouveau, mais ce qu'il dit est si beau !) : « Ce n'est pas ce que l'artiste fait qui compte, mais ce qu'il est. »

Chère amie et lectrice, toi qui as des rêves, même fous aux yeux des autres, relis bien cette pensée, et mieux encore fais-la tienne !

Tu n'es pas ce que tu fais actuellement surtout si tu fais un métier que tu n'aimes pas, qui ne te permet pas d'exprimer ce que tu es, de faire du point jaune que les gens voient en toi le soleil que tu es, que tu peux devenir : il n'en tient qu'à toi !

Pense aussi que faire année après année un travail qu'on n'aime pas a des conséquences. Ça rend non seulement malheureux, mais souvent malade : je le vois tous les jours, je suis pharmacienne.

Alors, ne prends pas ce risque avec ton bonheur, avec ta santé, ne reste pas toute ta vie une « vendeuse de beignes » ! Ce n'est pas… une vie !

Ne sois pas une Standard !

Sois toi-même !

Ou en tout cas, redeviens-le si tu as oublié qui tu étais vraiment.

4

Aie le courage
de tes folles ambitions !

Ose, comme Caroline Néron l'a fait dans le *Châtelaine* de septembre 2015, dire haut et fort : « Je veux être riche. Riche à craquer. »

Sa carrière d'actrice connaissant une pause inquiétante, elle se lance dans l'aventure de produire un disque et y engloutit 50 000 $. Elle ne se laisse pas démonter pour autant, cherche une avenue nouvelle à son ambition, à sa créativité. Elle explique, avec une simplicité et une sincérité inspirantes : « Magasiner, pour moi, c'est mieux qu'une thérapie. Alors me lancer dans la vente au détail a été presque normal. »

Mais comment s'y est-elle prise ?

À nouveau, sa candeur désarme et inspire tout à la fois : « L'idée m'était venue pendant un voyage à Las Vegas, en 2004.

Au début, je ne savais pas comment fabriquer mes bijoux. J'ai eu l'aide d'une designer. On a fabriqué 30 colliers dans ma cuisine. J'ai trouvé un kiosque dans un centre commercial (Les Ailes de la Mode). Je n'avais pas de plan d'affaires. »

Plus simple que ça, tu meurs !

Mais pourquoi faire compliqué quand on peut faire simple ?

En 2015, Caroline Néron orchestre le travail de 200 personnes et gère un budget de 20 millions. Pas si mal pour une entreprise démarrée dans une cuisine et sans plan d'affaires, par une femme qui croyait en elle et en ses rêves « même si » tous les hommes voyaient stupidement en elle juste une blonde hyper sexy ! Maintenant elle pleure de joie jusqu'à la banque et eux rient jaune !

Quelques décennies plus tôt, la grande Lise Watier a connu un destin similaire.

Les sœurs, qui lui dispensaient son éducation, souhaitaient qu'elle choisisse un métier traditionnel – ou tout simplement prenne mari et ait des enfants. Comme toute femme normale, quoi ! Dans le formidable documentaire *Lise Watier, une vie à entreprendre*, réalisé par Sandrine Béchade, elle se confie sur les raisons de son choix assez inhabituel pour une femme à cette époque et d'autant plus difficile qu'elle était ravissante et blonde, ce qui, comme chacun sait ou pour mieux dire comme chaque homme (surtout membre du Boys Club) sait, sont deux sérieuses « entraves » au succès : « Quand les gens me demandaient ce que je voulais faire plus tard, je disais toujours que je voulais faire quelque chose de différent (c'est moi qui souligne), mais je ne savais pas quoi. Je n'aurais jamais imaginé être entrepreneure. C'est un mot qui n'existait pas d'ailleurs. On disait qu'on se lançait en affaires, mais ce n'était pas quelque chose de prestigieux. »

Découverte par hasard alors qu'elle accompagnait une amie pour une audition, elle se voit confier l'animation d'une émission pour femmes à TVA (qu'on appelait alors le Canal 10).

En 1968, elle fonde L'Institut Lise Watier.

Puis comme elle est insatisfaite des produits de beauté qui se trouvent alors sur le marché, elle démarre en 1972 la société Lise Watier, qui fabriquera bientôt 350 produits distribués un peu partout dans le monde.

Aussi simple, aussi magique que ça !

Alors, on y va, amie lectrice ?

On se lance ?

Moi, je suis prête.

Je suis prête depuis que j'ai 10 ans – ou 9 seulement.

Et toi ?

5

Sais-tu au moins dans quelle aventure tu te lances?

Il y a une boutade fameuse – et on pourrait aussi l'appeler une simple vérité –, qui se lit comme suit :

« Être à son compte, c'est travailler 80 heures par semaine pour soi au lieu de 40 heures pour un patron. »

Ne faut-il pas être tombé sur la tête pour souhaiter pareil sort ?

Travailler deux fois plus d'heures, sans pause syndicale – car il n'y a plus de syndicat – sans vacances payées, sans fonds de pension, sans même possibilité d'assurance emploi, pour parfois un salaire moindre, en tout cas au début, et parfois pas de salaire du tout : ça s'est vu et à la vérité c'est presque la norme dans une *start-up*, une entreprise qui démarre.

Oui, je sais : les sondages disent que presque un Américain sur deux aimerait avoir sa propre entreprise, et se débarrasserait demain matin de son patron. S'il pouvait. Et surtout s'il ne perdait pas son salaire par la même occasion !

Mais les statistiques disent aussi que quatre entreprises sur cinq déposent leur bilan avant d'avoir atteint leur cinquième année d'exercice.

Et que des 20 % qui survivent même pas la moitié sont vraiment rentables.

La vérité vraie est que le premier jeudi matin, lorsque tu as ta propre boîte, parfois tu n'as pas assez d'argent pour te signer un chèque de paie, que, même, tu dois briser ta tirelire pour payer celui de ton employé, si tu en as un.

Pas juste le premier jeudi matin.

Mais souvent le suivant, le dixième, le cinquantième.

Ainsi j'ai un ami qui a emprunté 50 000 $ pour démarrer un restaurant et qui, avec deux associés qui apportaient la même mise de fonds, y a travaillé deux ans, un an avant l'ouverture, un an pendant sa brève existence, 90 heures chaque semaine, sans salaire, et qui, après avoir parlé longuement à son comptable, à ses deux associés et regardé les tables presque vides dans sa salle, soir après soir, a dû rendre son tablier, dans tous les tristes sens du mot.

Comment a-t-il remis les 50 000 $? Je ne sais pas. Je sais juste qu'il a renoncé à un salaire de 75 000 $ par année pendant deux ans (le job qu'il occupait), donc il s'est appauvri de 150 000 $ avant impôt, et il s'est « enrichi » d'une dette de 50 000 $.

La liberté a un prix, comme chacun sait.

Mais croyait-il qu'il pouvait être aussi élevé?

Douteux, il me semble.

Et il ne prévoyait pas cet ulcère d'estomac qu'il a développé, les dettes s'accumulant.

Que vaut la santé?

Rien quand on l'a: tout quand on ne l'a plus!

Depuis mon enfance, j'adore la vente, elle est dans mon sang, mon ADN, mais je suis tout sauf marchande d'illusions: ça ne rime pas avec authenticité. Et je suis aussi persuadée que le trou que tu creuses pour piéger un autre, tu finis inévitablement par y tomber.

Donc, je suis farouche partisane de la vérité.

Aussi je vais tenter de te dire les vraies choses.

Se lancer en affaires, c'est risqué.

Ça prend un bon estomac.

De bons nerfs.

Et plusieurs qualités que tu n'as peut-être pas ou qui dorment peut-être encore en toi, ou que tu n'as pas encore développées, par distraction, mauvaise éducation, manque d'ambition et surtout de mauvaises influences dues à tes mauvaises «fréquentations»: tes parents, tes amis, il faut le dire. Mais dans le feu de l'action, la nécessité étant la mère de l'invention, ton vrai caractère, tes qualités de femme d'affaires, de gagnante, ta valeur (je vais y revenir) se révèlent et parfois tu te surprends toi-même.

Agréablement.

Et voilà que ton affaire est un succès, que tes produits se vendent comme de petits pains chauds (normal, tu es *hot*!) que tes services sont en demande : en fait, ils le sont tant que tu dois doubler ton cachet et même encore, ça ne dérougit pas. Tu es en affaires ou quoi ?

En un an, tu as déjà fait ton premier million !

Et les autres te semblent comme des pommes d'or que tu peux cueillir à volonté devant un pommier à l'automne de tous tes rêves réalisés.

Pourtant, tout le monde te trouvait conne.

Ou au mieux rêveuse.

Et toi, maintenant, tu ris.

Jusqu'à la banque.

Le sac à main débordant de chèques ou d'espèces sonnantes et trébuchantes.

Que, de surcroît, tu déposeras commodément dans le « compte en banque » de ta nouvelle confiance, dans lequel tant de gens autour de toi ont pigé en te critiquant, te diminuant, t'abaissant, t'interrompant quand tu parlais de tes rêves, ou en souriant ironiquement, ou tout simplement en t'ignorant : en un mot comme en mille, en ne croyant pas en toi.

Mais avant cet instant heureux, peut-être plus proche de toi que tu ne penses, je tenterai, du moins chaque fois que je la connais, de te dire la vérité.

Je me répète, pour prévenir tes accusations de vendeuse de pensée magique : se lancer en affaires, c'est risqué.

C'est même très risqué.

Mais tu sais quoi?

Travailler pour une grande entreprise, pour une banque et même le gouvernement, aujourd'hui, c'est devenu… tout aussi risqué.

Oui, R-I-S-Q-U-É!

Les entreprises font des mises à pied massives, sont vendues à des gestionnaires qui rationalisent les opérations (ce qui veut dire suppriment 30 % ou 50 % des postes et parfois plus) ou ferment carrément leurs portes assez sauvagement parfois et sans préavis. Et ensuite les employés, même fidèles, même avec une ancienneté admirable, se retrouvent le bec à l'eau.

Les employeurs en principe les plus fiables, comme les gouvernements, pour ne pas les nommer, croulent sous les dettes, coupent des postes assurés, réduisent les régimes de retraite, non seulement de leurs nouveaux employés, mais aussi des anciens.

Ceux qui avaient joué la carte de la sécurité, et qui s'étaient ennuyés pendant 30 ou 40 ans, se retrouvent deux fois perdants.

Non seulement ont-ils perdu leur jeunesse, mais leur vieillesse est tout sauf ce qu'ils avaient imaginé, dans la prudente boule de cristal de leur insécurité.

Lorsque j'étais jeune, j'ai vu un de mes voisins entrer en larmes à la maison un soir: il venait de perdre son emploi chez GM, à l'usine de Boisbriand où il avait travaillé pendant 20 ans. Il a tenté de noyer son chagrin dans la vodka, a perdu sa maison, sa famille.

Un autre de mes voisins a vu le gouvernement abolir son poste sans préavis. Certes, ils lui offraient une sorte de *package* ou si tu veux de *kit* de départ pour qu'il retombe sur ses pattes: ça ne l'empêcha pas de tomber en dépression.

Ces drames dont j'étais l'involontaire spectatrice ne m'ont pas autant bouleversée que ce que la « franchise » avait fait à mon père. Mais ils me rappelaient ma douleur et renforçaient ma détermination.

Je me suis dit, et au fond c'est devenu le fondement de ma philosophie : *Je bâtirai une certitude dans un monde incertain. Je SERAI la certitude.*

Plus tard, j'ai développé cette résolution, et j'en ai conclu qu'il n'y avait qu'une seule chose de sûre, une seule chose sur laquelle j'avais un certain pouvoir, si ce n'est un pouvoir certain : ma valeur.

Oui, ma VALEUR.

Que je pouvais constamment augmenter…

Selon le principe japonais du *kaizen* : l'amélioration continue.

Ta valeur, tu peux constamment y travailler, c'est ton meilleur placement, ton meilleur passeport dans les tempêtes de la vie.

Ma seule certitude dans un monde incertain, c'est... ma valeur !

Le *Littré* donne du mot VALEUR la définition suivante que j'adore : « Force, courage à la guerre, dans le combat. »

Le mot vient du verbe latin *valere* qui signifie être fort. Les affaires sont un jeu, certes, mais elles sont aussi un combat.

Contre tes propres peurs en premier, mais aussi contre les peurs que les autres tentent de t'inculquer, souvent pour que tu restes dans le clan, que tu demeures une Standard, ce qui est moins menaçant et plus rassurant.

Ta valeur, c'est avoir de la force, du courage, à la guerre, au combat.

Alors sois valeureuse, sois forte ! Et écoute-toi ! Ne te mens pas !

On oublie trop souvent ou en tout cas on mésestime par simple ignorance, ou parce qu'on n'ose pas voir la vérité en face, les effets de se faire à soi-même la sourde oreille, en d'autres mots de ne pas s'écouter.

On dirait, au fond, que la vérité, l'authenticité finissent toujours par triompher. Tu te mens, tu te nies, ton corps te met la vérité en pleine face : tu tombes malade !

L'authenticité, comptable implacable, a réclamé son dû.

Oui, tu as oublié de t'écouter pendant des années, tu as fait depuis trop longtemps un travail qui t'indifférait, que, même, tu détestais. Tu as cru que ce n'était pas grave de rester avec un conjoint qui ne t'aime pas ou que tu n'aimes plus.

Ça a des conséquences, et souvent plus graves qu'on ne pense.

Je sais de quoi je parle : j'ai passé les 10 dernières années de ma vie (en tout cas en bonne partie) derrière le comptoir d'une pharmacie.

Or, une pharmacie est un des plus merveilleux laboratoires humains.

Pourquoi ?

Parce que sur l'ordonnance que te tend souvent en tremblant un client, tu vois la vérité, les conséquences de ses gestes, de ses choix, qui forcément n'ont pas toujours été très heureux ou en tout cas ont été téméraires : burn-out, dépression, insomnie, anxiété, allergies, eczéma, migraine, et j'en passe pour ne pas te donner la… migraine !

À la (triste) vérité, je me retrouve la plupart du temps devant des humains, frères et sœurs, en ce bref, si bref passage sur terre, qui ont ignoré leurs rêves, ce qu'ils étaient, ce qu'ils voulaient être, pour se conformer, pour bien paraître aux yeux de la société, par insécurité aussi, je sais, et c'est normal, et qui maintenant en paient le prix. Bien sûr l'assurance maladie les rembourse pour certains médicaments : mais les rembourse-t-elle pour la perte de leur santé, de leur dignité et surtout de leur bonheur ?

Devant ces clients qui me brisent le cœur (je dois être trop empathique) je me dis chaque fois : *Moi, quand j'ai mal à la tête, ça prend du temps avant que j'avale une Tylenol. Mais ce client devant moi, ça lui a pris combien de temps, et sa souffrance psychologique a atteint quel insupportable niveau avant qu'il ne se résigne (souvent honteux car la souffrance psychologique est honteuse dans notre société) à prendre le téléphone, à prendre rendez-vous avec un médecin (quand il a pu en trouver un évidemment !) à demander un arrêt de travail, une ordonnance d'antidépresseurs, venir chercher le médicament avec tout son courage à la pharmacie et finalement le prendre? Combien de jours, de semaines, de mois et même d'années ce client a-t-il enduré sa souffrance, fait semblant d'être heureux au travail?*

Ces précautions oratoires expédiées, ayant tenté le plus honnêtement du monde de peser pour toi le pour et le contre, je persiste et dis: « Lance-toi! »

Si du moins c'est dans ton sang.

Si du moins tu crois que tu peux réussir sinon oublie ça! Ne perds pas ton temps ou ton argent, surtout si tu en as peu!

Comme disait le milliardaire John Paul Getty dans son ouvrage *Comment être riche*, la seule manière de devenir riche (il voulait dire <u>vraiment</u> riche, il faut le préciser), c'est d'être à son compte.

Car il ne rappelle pas l'exception de ce que j'appelle le talent: par exemple si tu es un joueur de hockey payé 8 000 000 $ par année, ou encore un haut dirigeant d'une grande entreprise dont le salaire annuel se chiffre souvent au-delà de 1 000 000 $ – sans compter les bonis, les options d'achat sur les actions, les parachutes dorés quand il quitte son poste.

Et tu peux aussi, <u>tout en gardant ton emploi</u> (ce qui n'est pas toujours le plus stupide des choix, loin de là!), avoir fait de judicieux placements en Bourse ou en immobilier.

Pourtant, avoir son entreprise reste la source la plus répandue de richesse.

Et aussi de liberté!

Mais – car il y a toujours un « mais », il y en a même plusieurs et il est utile et même nécessaire que tu les connaisses avant de te lancer –, pourquoi tant de gens pourtant pleins d'espérance et même d'intelligence et de vaillance échouent-ils?

Est-ce uniquement une question de chance, de deux dés qu'on lance sur la table de notre existence, au casino de la Vie, en espérant tomber sur le 7 chanceux?

Je crois que non.

Si tu sais comment «jouer tes cartes», tu vas te retrouver avec une main gagnante!

6

Souvent risqué, mais…
souvent payant, les affaires !

Je viens de t'expliquer en long et en large que c'est risqué de te lancer en affaires.

Mais il y a aussi des avantages financiers bien concrets à le faire même si… tu conserves ton emploi. Peut-être que ça te semblera compliqué à première vue, mais ne t'en fais pas, c'est réellement simple en fin de compte. En tout cas ça l'est pour ton comptable, si tu as besoin d'explications. Tu peux aussi sauter tout de suite au chapitre suivant, ou le lire en diagonale, mais à un moment donné tu y reviendras, car c'est une chose de faire de l'argent, mais connaître toutes les manières légales de payer moins d'impôts, c'est tout simplement… intelligent.

En fait, si tu utilises et appliques les trucs que je vais te don-ner ici (et tu en découvriras une foule d'autres avec le temps), tu te rendras vite compte que c'est payant d'être dans les affaires, plus payant que tu ne croies, et que la plupart des gens ne croient (surtout ceux qui justement… ne font pas des affaires!) parce que plusieurs de tes dépenses qui avant étaient personnelles, seront en partie assumées (et tout à fait légalement) par ton entreprise. D'une manière, tu pourras vivre comme une reine même si tu as un salaire de… mendiante! Enfin peut-être pas complètement de mendiante, j'exagère, mais relativement modeste.

Voici une brève et incomplète liste des avantages auxquels tu auras droit:

1. Tu peux avoir une allocation de dépenses pour certains lunchs et déplacements… justifiés!

2. Tu peux déduire une partie de ton loyer ou ton hypothèque, tes frais de chauffage, d'électricité, de téléphonie et d'Internet, si tu as un bureau à la maison. Ton entreprise peut couvrir certaines autres de tes dépenses, comme celles chez le dentiste…

3. Si tu as une auto personnelle (elle peut être vieille et payée, et peu utilisée, pourvu qu'elle soit à ton nom), ton entreprise, du moins dans bien des circonstances, peut louer pour toi une voiture. (Soit dit en passant, c'est mieux que de l'acheter, car tu peux alors déduire un pourcentage des frais de location, sinon tu dois amortir et c'est moins avantageux). Tu auras vraisemblablement, malgré ton autre vieille voiture, un avantage fiscal imposable, mais tu seras gagnante à la fin, crois-moi. Fais juste le calcul avec ton comptable!

4. Quand tu voyages par affaires à New York, ou à Paris tu as quand même le droit de regarder l'Empire State Building ou la tour Eiffel et d'aller voir un spectacle à Broadway, surtout si tu emmènes un client, et tu peux aussi prolonger raisonnablement ton séjour. C'est vraiment ce qu'on appelle joindre l'utile à l'agréable, ou encore gagner sur les deux tableaux: c'est beau comme un Picasso!

5. Ton entreprise peut te payer en dividendes, et alors le taux d'imposition est moins élevé.

6. Comme le taux d'imposition, du moins pour les 200 000 $ de profits et quelques, est moins important pour les entreprises que pour les particuliers, tu peux pratiquer une sorte d'étalement fiscal tout à fait légal: tu te verses le salaire que tu veux et tu gardes les profits dans ton entreprise sous forme de BNR (bénéfices non répartis). Ça peut paraître du chinois pour toi, mais crois-moi, ça vaut la peine que tu t'inities à ça. Ou simplement, si tu n'as pas la bosse des chiffres, parles-en à un comptable, de préférence spécialisé dans les petites entreprises, car il connaîtra alors toutes les astuces légales.

7. Tu peux aussi, sous certaines conditions et dans certains régimes fiscaux, pratiquer le fractionnement de revenus: tu verses à ton partenaire ou tes enfants une partie de ton salaire et ainsi tu paies moins d'impôts.

8. Une entreprise incorporée, du moins au moment où nous allons sous presse, et sous certains régimes fiscaux, dont celui du Canada, peut consentir à l'actionnaire principal un prêt pour l'achat de sa résidence principale : c'est assez sympa, surtout quand tu n'aurais pas eu autrement les sous pour acheter la maison de tes rêves !

9. Lorsque ton entreprise grossit et compte de nombreux clients, elle peut faire l'acquisition d'une maison de campagne ou d'un condo en Floride où tu emmènes des clients pour faire du P.R. (et tu les accompagnes évidemment) ou tu envoies tes employés pour les gâter. Elle peut te payer ta cotisation de membre dans un terrain de golf…

10. Si tu débutes, plusieurs de ces astuces te semblent sans doute un peu compliquées, mais elles le deviendront de moins en moins avec le temps et le métier. Ce qu'il est important – <u>vraiment important</u> – que tu comprennes, c'est que la dépense que ton entreprise paie pour toi est complètement déductible pour elle. Elle vient s'appliquer contre ses profits – si elle en fait et elle en fera ! – et réduira l'impôt qu'elle aura à payer. Toi, pour payer la même dépense <u>tu auras d'abord dû payer de l'impôt</u>. Donc tu paieras cette dépense avec ce que les Américains appellent de l'*after tax money*. Un exemple : si ton entreprise paie pour ta visite chez le dentiste qui coûte 200 $, ça lui coûte 200 $. Toi, il aura d'abord fallu que tu gagnes 300 $ et peut-être plus pour défrayer la même. *Capice ?*

Tu comprends mieux maintenant, comment tu peux vivre en reine, même avec un salaire de mendiante?

Pourtant avant que tu te lances, j'aimerais te dire pourquoi, à mon avis, tant de gens se cassent la gueule.

Tu as juste à tourner la page de mon livre, qui est peut-être aussi «ton» livre, car il ne raconte pas juste ma vie, il raconte aussi la tienne – ou celle que tu auras si tu oses être toi-même!

7

Pourquoi les gens échouent-ils – malgré leur intelligence et leur vaillance ?

Bien des gens se lancent – et échouent.

Le paradis – ou l'enfer – des affaires, est pavé de bonnes intentions.

Mais quelle en est la raison ?

Il y en a plusieurs assurément.

Et l'une d'elles, la première qui me vient à l'esprit, et qui est trop fréquente, hélas, est que les gens s'établissent à leur compte pour… la mauvaise raison.

Oui, la mauvaise raison !

La pire d'entre elles sans doute me vient de mon coauteur qui m'a raconté : « Un jeune homme m'a confié que son rêve dans la vie était… d'avoir une compagnie qui fait des profits. »

Une compagnie qui fait des profits!

Comme si on pouvait rêver d'autre chose!

Oui, je n'y aurais pas pensé par moi-même!

Quelle idée de génie!

C'est devenu une sorte de *running gag* entre Marc Fisher et moi:

« Tu veux quoi dans la vie?

— Une compagnie qui fait des profits!»

C'est presque aussi naïf et navrant de bêtise que de dire: mieux vaut être beau, riche et en santé que laid, pauvre et malade.

Les mauvaises raisons…

Comme d'avoir vu Donald Trump ou Bill Gates monter dans leur jet privé, se pavaner dans des dîners-bénéfice, entourés de célébrités, et se dire: *C'est la vie que je veux*!

Comme de voir un acteur fouler le tapis rouge pour la remise des Oscars, un auteur signer des autographes devant une foule d'admirateurs ravis, et se dire *c'est la vie que je veux*.

C'est mettre la charrue devant les bœufs.

C'est, la plupart du temps, se condamner d'avance à l'échec.

Je reçois presque tous les jours des messages de cette farine-là: « Je rêve d'être dans les affaires, mais je ne sais pas dans quel domaine.» Ou bien: «Je veux faire des affaires, mais j'ai trop d'idées, je ne sais pas laquelle choisir!»

Des idées, tout le monde en a – ou croit en avoir.

Certaines sont bonnes, certaines ne le sont pas.

Mais en général, ceux qui ont réussi ont choisi UNE idée qui les passionnait, et sont passés à l'action.

Oui, vouloir naïvement une «compagnie qui fait des profits», la belle vie de ceux qui ont réussi, vouloir être en affaires juste pour pouvoir dire: «Je suis en affaires!» c'est ignorer le travail, les sacrifices, les angoisses de ceux qui ont réussi, et vivent des «heures de gloire» ou en tout cas de contentement et de fierté qui parfois ne viennent même pas!

C'est aussi et surtout ignorer le but premier des affaires.

Dans le film (pas très récent, je sais, mais c'est un classique que m'a recommandé mon «vieux» coauteur, qui, énergique comme un jeune et plus que bien des jeunes à la vérité, écrit de 4 h 30 le matin à 4 h 30 l'après-midi 6 jours sur 7!) *Toute une vie* de Claude Lelouch, le héros, David Goldman, brillamment incarné par Charles Denner, explique son succès éblouissant à sa fille adorée par les mots suivants – ou à peu près: «J'ai tellement eu froid aux pieds dans les camps de concentration allemands que je me suis promis que si jamais j'en sortais vivant j'allais fabriquer les chaussures les plus chaudes au monde!»

C'est ce qu'il a fait, et son immense fortune a suivi.

Il y a Les Restaurants du cœur – Les Relais du cœur, connus sous le nom Les Restos du cœur, fondés par le regretté Coluche.

Ces chaussures étaient assurément... les chaussures du cœur!

Voilà une bonne, une excellente, une admirable raison de démarrer une affaire!

Voilà une grande leçon!

Il faut vouloir offrir aux autres quelque chose qui nous tient à cœur.

Quelque chose idéalement (mais pas nécessairement) de nouveau, car la nouveauté a la cote.

De mieux fabriqué, mais il y a les garanties prolongées, je sais.

De mieux distribué.

De mieux publicisé.

Ou simplement de… moins cher !

Car c'est ce que regardent la plupart des gens en premier, et c'est ce qui explique en grande partie le succès fabuleux d'entreprises comme Walmart ou Dollarama. Qui vendent la même chose que tout le monde mais à meilleur prix.

Difficile de résister à pareil attrait pour un consommateur !

Au fond, il faut vouloir aider les autres – par son produit, son service – créer une manière nouvelle et originale de satisfaire un besoin déjà existant.

Un exemple de besoin déjà existant, du moins à notre époque ?

Le besoin d'amitié, de communiquer, de tromper sa solitude, d'avoir ces « 15 minutes de gloire » dont parlait Andy Wharol, mais en plus de les avoir tous les jours, et même plusieurs fois par jour, de devenir ou en tout cas d'avoir l'impression de devenir une célébrité, d'être dans le *National Enquirer* ou le *People* à volonté – de faire des rencontres amoureuses sans avoir le sentiment ou la honte ou la dépense d'aller sur un site de rencontres officiel, de se faire connaître aussi comme entrepreneur, artiste, plombier ou dentiste, peu importe, non seulement à bon compte, mais… G-R-A-T-U-I-T-E-M-E-N-T !

Et la manière nouvelle de combler les déclinaisons innombrables de ce même besoin ? Tu l'as deviné sans doute : Facebook !

Qui soit dit en passant fut mis au point en <u>quelques semaines seulement</u> par Mark Zuckerberg et ses cofondateurs. Ce qui prouve, même s'il faut parfois de la persévérance, que, à notre époque, le succès arrive parfois à une vitesse phénoménale, et rend riches des gens fort jeunes : Zuckerberg était… milliardaire à 23 ans !

Son *timing* était idéal, son idée brillante. Comme lui d'ailleurs : il était encore étudiant à Harvard lorsqu'il mit au point Facebook.

Alors toi aussi, malgré ton jeune âge, si tu es ambitieuse et brillante, et impatiente et audacieuse, tu peux trouver une idée, et même, qui sait ?, lancer une mode. Des milliers d'entrepreneurs l'ont fait avant toi.

Pourquoi pas TOI ?

Si tu te dis et crois que tu peux trouver une idée qui te rendra riche rapidement, tu es née à la meilleure époque pour y parvenir.

Mets tes espadrilles de femme d'affaires, monte dans le « Learjet » de ton ambition folle, sur le tapis volant de tes rêves et n'aie pas peur de *flyer* !

Parce que…

Parce que la vérité est que la fortune, et le fun et la liberté appartiennent aux gens *flyés* qui ont bien plus de chances de devenir riches que ceux qui sont trop raisonnables et sérieux, dont la seule comptabilité est celle de leurs ennuis.

Même si tu en arraches aujourd'hui, que tes cartes de crédit sont *maxées*, tu auras peut-être un, cinq, dix millions demain, dans six mois, dans un an, et ce ne sera pas parce que tu auras gagné à la loterie.

Tu n'as pas besoin de faire comme Henry Ford, d'avoir une usine et des milliers d'employés.

Juste une bonne idée, une idée folle, une idée jeune, une idée excitante, une nouvelle application pour un cellulaire, une nouvelle manière d'acheter ou de vendre des produits que d'autres ont DÉJÀ inventés.

Ta seule limite, c'est toi !

Ta seule limite, c'est ton esprit.

Et en même temps, paradoxalement, c'est ta caverne d'Ali Baba, avec toutes ses innombrables richesses et mieux encore avec toute la passion et l'excitation de vivre dans l'abondance que tu t'interdis depuis si longtemps, ayant trop obéi docilement à ceux qui ne l'ont jamais connue et ne la connaîtront jamais : on ne peut donner ce qu'on n'a pas !

Ta seule limite vers une fortune rapide, ce sont les entraves que tu mets à ton imagination, prisonnière de ta raison.

Libère la « folle du logis », ainsi que l'appelait Pascal, et *tripe*, et en même temps, fait *triper* le monde : rêve et fais rêver le monde !

Et tente d'en donner le plus possible, au meilleur prix du monde, idéalement comme Facebook.

Qui fait son argent différemment.

En vendant à fort prix de la pub à tous les annonceurs qui veulent tirer profit de cette affluence exceptionnelle.

Nouveau modèle d'affaires en somme.

Brillant.

Et payant.

Imite différemment – et originalement – l'idée d'un autre !

Personne ne le saura – sauf toi et… tous ceux qui voudront te copier !

Les Japonais se sont sortis du marasme infini dans lequel les a laissés la Deuxième Guerre mondiale en copiant des trucs inventés par d'autres.

Et en les vendant moins cher, souvent beaucoup moins cher.

Il y a de l'invention et du génie dans… l'imitation !

Il y a aussi une forme de générosité, car ça permet à ceux qui ne pouvaient s'offrir l'original de se payer l'imitation.

Oui, donnes-en le plus possible au client, au meilleur prix, mais en n'oubliant pas de faire du profit sinon ta générosité sera éphémère.

Car il ne faut jamais l'oublier : le dollar du client vaut autant pour lui que le tien !

C'est le grand ami de Marc, Jean-Louis Couturier, auteur de *De la moppe au top*, qui lui a enseigné ce principe.

Il savait y faire dans ce domaine.

Parti de rien, avec pour tout vade-mecum un modeste diplôme de soudeur, il a quitté son Nouveau-Brunswick natal à 18 ans pour aller à Toronto, où il déniche un job dans une compagnie d'entretien.

Plus tard (faisant du *spin-off* : on en parle plus loin dans le livre), il démarre sa propre entreprise d'entretien, Groupe Distinction, qui l'a rendu millionnaire à 30 ans. Et a aussi rendu millionnaire son directeur devenu actionnaire : Claude Bigras. L'entreprise a été vendue 153 millions en 2011 !

Ça torche, quoi !

D'ailleurs, si tu le notes – et je crois que c'est important et que ça peut être payant que tu le fasses – il a fait fortune non pas avec une idée nouvelle ou originale, mais *en offrant simplement un meilleur service à des clients qui appartenaient à la concurrence.*

Pour réussir à faire ça, il faut évidemment que tu choisisses un domaine qui t'intéresse, mais à mon avis, il faut aussi que tu possèdes ou développes à un haut degré les qualités suivantes :

1. Que tu sois une EXCELLENTE vendeuse, et surtout que tu aies une façon de te vendre différemment ou qu'une excellente vendeuse travaille pour toi, pour convaincre un client déjà servi par un concurrent de te donner sa clientèle. Il faut idéalement que tu aies une forte personnalité, du charisme et que tu y croies vraiment. En passant, tu peux aussi tenter de vendre au meilleur vendeur de ton compétiteur la brillante et lucrative idée de travailler pour toi : mais il faudra que tu sois vraiment persuasive, vraiment bonne vendeuse, car tu as peu à offrir au début.

    En fait dans ce genre d'entreprises, à service et prix égal, c'est presque toujours la personnalité du dirigeant, de son directeur ou de ses vendeurs, qui fait la différence. Et cette différence peut être énorme : c'est souvent elle qui, justement, fait... la différence entre une entreprise qui stagne ou même ferme ses portes, et une qui bat tous les records.

2. Que tu livres vraiment la marchandise et assures un service client exceptionnel. C'est-à-dire que tes paroles et tes actions doivent aller main dans la main et n'être jamais en contradiction.

3. Que tu gères bien ton affaire, ou que tu aies à ton service un gestionnaire de talent qui le fait pour toi : mais au début ça risque d'être toi.

4. Que tu aies une excellente stratégie pour te faire connaître, et un marketing original qui rejoint la clientèle cible que tu as établie – ou tenté d'établir – ce qui ne veut pas dire qu'ils doivent te coûter cher.

J'ai dit que tu pouvais imiter les Japonais de l'après-guerre, et faire de l'argent en vendant moins cher, mais tu peux aussi viser – avec succès – les produits ou les services haut de gamme, donc plus dispendieux.

Il y a une clientèle pour ça, qui est prête à payer le fort prix pour un produit, un service, si du moins ça en vaut la peine, si du moins ça offre des avantages exceptionnels, si du moins ça devient un symbole de statut social, comme une Bentley, le Ritz, un bijou de Tiffany, une robe de Givenchy. Encore faut-il pouvoir créer une image de marque, un prestige que la consommation de ton produit donne à celui qui l'adopte – et ça prend en général du temps et du talent, et du marketing de génie.

La deuxième raison qui me vient à l'esprit, et qui est une autre cause presque assurée d'insuccès, veux-tu la connaître?

Tourne la page – comme tu devrais sans hésitation la tourner sur ton passé! Je veux dire si tu n'en es pas satisfaite et souhaites tenter une aventure nouvelle.

Moi, j'ai suivi mon instinct féminin, mon chemin, mon destin.

Pourquoi ne pas faire comme moi?

8

Fais ce que... *tu sais faire*!

Bien des gens viennent me consulter et m'avouent, souvent les larmes aux yeux, et leur sincérité me bouleverse : « J'en ai marre de mon emploi, de mon patron, j'aimerais faire fortune, mais je ne sais pas dans quel domaine. »

S'ils ne le savent pas, il y a de fortes chances qu'ils ne réussiront pas.

Pourquoi ?

Simplement parce que, s'ils ne savent pas vers quoi se tourner, c'est que rien ne les passionne.

Si rien ne les passionne, ils ne sont pas en train de devenir spécialistes dans un domaine.

Or, pour réussir dans un domaine, il <u>faut</u> le connaître.

Il <u>faut</u> devenir un spécialiste !

Mais tu y arriveras rarement sans y mettre du temps : c'est la seule manière de devenir excellent.

La chance du débutant, elle existe sans doute, mais elle n'est pas toujours au rendez-vous, hélas.

Alors mieux vaut ne pas se fier à elle, même si ses ailes peuvent nous porter magiquement vers le succès.

Celui qui réussit, c'est celui qui… en connaît un peu plus, et même BEAUCOUP PLUS que tous les autres dans un domaine.

Donc il n'est pas vraiment un débutant.

Ou alors il a appris vite, très vite.

Tu te souviens peut-être d'une scène du film *Wall Street* : l'investisseur Gordon Gekko (incarné par Michael Douglas) répète à Bud Fox (Charlie Sheen), jeune courtier ambitieux qui cherche à en faire son client : « Dis-moi quelque chose que je ne sais pas ! »

Il lui demande la même chose avec insistance parce qu'il sait la valeur de la connaissance.

Celui qui sait des choses que les autres ne savent pas dans un domaine (que ce soit les goûts nouveaux des clients, les tendances à venir, etc.) aura plus de succès, fera plus d'argent.

Il est l'homme, la femme de la situation.

Il ou elle est précieux ou précieuse.

Une anecdote amusante en passant : le studio qui a produit le film *Wall Street* souhaitait originalement que le rôle principal soit confié à Warren Beatty. Mais il n'était pas intéressé. Il fut alors proposé à Richard Gere qui le refusa également. Le réalisateur Oliver Stone arrêta alors son choix sur Michael Douglas, même si plusieurs «spécialistes» à Hollywood le lui déconseillaient fortement.

Le film fut un grand succès, et Michael Douglas reçut l'Oscar du meilleur acteur.

Dans le livre *Adventures in the Screen Trade,* William Goldman, un des scénaristes les plus célébrés d'Hollywood, écrit : «Personne ne sait rien. Il n'y a pas une seule personne dans l'industrie qui peut prédire avec certitude ce qui va marcher. À chaque nouveau film, c'est un pari, et, si vous avez de la chance, un pari éduqué.»

Un pari éduqué…

Ce qui veut dire que plus tu as de connaissances, plus ton pari est éduqué et moins il relève de la chance !

Mais en même temps, et même si je viens de dire que la chance du débutant n'est pas toujours au rendez-vous, parfois, lorsque toutes les planètes sont alignées, que tu es brillante et intuitive, que tu es audacieuse et fonceuse, et que tu es capable de te retourner sur un 10 cents, comme on dit, et que, justement… tu as de la chance dans la vie, tu… RÉUSSIS !

Welcome to the club !

De jeune ou future jeune millionnaire !

Malgré toutes les savantes et «réalistes» prédictions de ceux qui t'avaient amicalement prévenue que tu te casserais la gueule.

En somme, il faut se fier aux spécialistes, mais si et seulement si… ils sont de vrais spécialistes !

Il y en a.

Il faut seulement avoir le bon jugement – en regardant leurs antécédents, leur feuille de route, leurs succès et leurs échecs ou leur compte en banque – de savoir ou deviner qui !

Ainsi lorsque je dois retenir les services d'un avocat, je choisis celui qui a gagné des causes dans le domaine où j'ai besoin de lui, qui en connaît la jurisprudence et qui n'est pas obligé de s'«instruire» à mes frais : même si son tarif horaire est élevé (plus que celui de l'avocat moins expérimenté), j'estime que je fais encore une bonne affaire.

Parfois on croit qu'un domaine est fait pour nous, et nous pour lui.

On croit ça <u>avant</u> de nous y aventurer.

Ensuite on déchante.

En voilà un exemple :

Une lectrice vient me consulter. Elle est styliste. Je lui pose la question que je pose presque invariablement au début de chaque coaching : «C'est quoi, tes passions ?

— J'aime créer des vêtements », avoue-t-elle.

Pour tester l'authenticité de sa passion, je lui demande :

«Tu couds souvent ?

— Non, pas vraiment. »

Je suggère illico :

«Couds pour en être bien certaine, au moins un vêtement par semaine. »

Je lui ai donné ce conseil alors qu'elle réfléchissait sérieusement à l'idée de s'inscrire pour un cours de trois ans à une école en design de mode : *timing is everything*, comme disent les Américains. Le *timing* est tout.

Ce fut un choc pour elle : au bout de trois semaines, elle a réalisé que la couture n'était pas vraiment son truc. Elle aimait imaginer des vêtements et des styles, pas en confectionner ! Je lui ai alors suggéré : « Pourquoi n'engages-tu pas quelqu'un pour mettre tes idées en vêtements ? »

C'est ce qu'elle a fait.

Dire que pendant des années, elle croyait vouloir faire de la confection !

Elle n'était jamais passée à l'action.

Pour savoir si on aime ou pas, si on a du talent ou pas, la seule manière, ultimement, c'est de… l'essayer !

De foncer.

De plonger.

On apprend vite et mieux dans le feu de l'action, c'est une vérité que tous ceux qui ont réussi savent : les autres la mettent en doute et continuent de… ne pas avoir de succès et d'être pauvres et frustrés !

Et ce qui nous aurait demandé des années de réflexion, d'études – et d'hésitations – en se contentant de la théorie, on l'apprend en un rien de temps lorsqu'on se lance et ne peut plus reculer.

L'action est un catalyseur, un accélérateur, un révélateur, le test ultime de ton idée, de ton génie.

Moi, je suis partie de rien, sauf avec à la main un papier qui faisait preuve de diplôme en pharmacie, et cette dévorante envie de devenir la meilleure femme d'affaires du Québec, sans prétention, juste par simple et folle ambition.

Mais j'étais et suis encore une femme d'action.

Car, comme tu sais, l'action est ma religion.

Mais il faut quand même choisir un domaine de prédilection.

Car si tu n'as jamais travaillé dans un domaine, tu n'en connais ni les règles ni les pièges.

Certains de ces pièges peuvent être coûteux.

Sur le plan des finances.

Et de ta confiance.

Lorsque j'ai démarré, je n'avais rien pour me retenir de me *pitcher* dans le vide.

Rien pour me retenir de sauter à pieds joints dans ce Boys Club qu'est encore le monde des affaires. Rien pour m'empêcher de foncer.

RIEN.

Sauf une dette de 24 000 $, comme je me permets de te le rappeler, car la plupart des gens sont endettés, et c'est bon de penser que, même si tu es dans le rouge, tu n'es pas obligée de broyer du noir, même que tu ne devrais pas. Il est plutôt le temps (MAINTENANT!) de se relever les manches et de voir la vie en rose. Concentre-toi sur ce que tu veux obtenir, sur la vie que tu veux avoir, non pas sur les boulets qui te ralentissent et les échecs de ton passé.

Une règle demeure, et elle souffre peu d'exceptions : on réussit dans un domaine qu'on connaît, rarement ailleurs.

Alors quel est le secret pour faire de l'argent dès la première année, quand on se lance ?

9

Fais pour toi ce que...
tu faisais pour un autre !

Les Américains appellent ça le *spin-off*.

Du moins c'en est une variante.

Tu sors du lieu, de l'entreprise où tu as acquis ta formation, et tu voles – ou en tout cas tentes de voler ! – de tes propres ailes.

EXEMPLE Nº 1 (ancien mais quand même actuel, comme tu pourras en juger).

Elle est née à l'hospice le 19 août 1883. (Ancien, je t'avais prévenue, mais la leçon de vie est éternelle de beauté et de vérité !) La raison en est que ses parents n'étaient pas encore mariés, et que, à l'époque, les enfants nés hors des liens sacrés du mariage se retrouvaient bien souvent à l'orphelinat.

Un peu plus d'un an après sa naissance, soit le 17 novembre 1884, sa mère (qui est couturière de profession), se marie en justes noces, et la reprend.

Pourtant, pendant toute sa jeune enfance, peu loquace sur cette période de sa vie, la future grande femme d'affaires souffre de solitude, apprend de sa mère les rudiments de la couture, et sent que son père ne l'aime pas. Il faut dire qu'elle a de la compétition, de nombreux frères et sœurs (cinq au total). Sa vie est l'illustration, en fait un autre triste, mais aussi et surtout inspirant épisode au fond de : « Comment transformer l'humiliation ou le chagrin en millions ! »

Le sentiment de la jeune femme n'est pas si mal fondé en droit et en vérité. En effet, à la mort prématurée de sa mère à 37 ans (elle est épuisée par tant de grossesses successives), son père, conséquent avec sa froideur à son endroit, la place dans un orphelinat, triste refuge de sa première année. Père vraiment « exemplaire », il confie aussi ses deux frères à l'assistance publique, qui les envoie comme garçons à tout faire dans des familles de cultivateurs. Il avait toujours reproché à sa femme, trop féconde, de ne pas lui avoir permis de vivre sa vie et de connaître tout le succès qu'il croyait mériter, banal mari, modèle de tant de maris de l'avenir : pourtant Jean-Sébastien Bach a eu 13 enfants et ne s'en est pas trop mal tiré avec son œuvre et la postérité !

Mais à quelque chose malheur est bon !

Nos infortunes souvent sont la clé mystérieuse de notre fortune : la Vie nous donnait un cadeau mais, comme on dit, « emballé » différemment de ce qu'on avait prévu, et surtout qu'on ne pouvait pas développer tout de suite : il fallait juste garder la tête haute, ne pas baisser les bras, malgré les difficultés, les méchancetés autour de soi, croire en soi, en sa bonne étoile.

À l'orphelinat, la jeune femme est une modeste couseuse.

À 18 ans, elle est placée chez les dames chanoinesses de l'Institut Notre-Dame de Moulins, où elle se perfectionne dans le métier auquel elle semble destinée.

Quelques années plus tard, elle se retrouve couseuse à la Maison Grampayre, atelier de couture spécialisé en trousseaux et layettes.

Mais elle ne tarde pas à se rebiffer et à chercher un avenir meilleur, à la hauteur de son talent et de son ambition.

Elle ouvre son propre atelier à Paris.

Sur son enseigne apparaît en grosses lettres un nom : COCO CHANEL !

Comme le nom de sa courageuse et audacieuse propriétaire qui a connu une enfance si difficile, mais s'est dit : *Contre mauvaise fortune, il faut faire bon cœur.*

**« CONTRE MAUVAISE FORTUNE,
IL FAUT FAIRE BON CŒUR. »**

The rest is history.

Le reste, c'est une histoire que tout le monde connaît – ou en tout cas, devrait connaître pour comprendre à quel point des débuts pathétiques et modestes peuvent quand même conduire à de grands succès.

Et une histoire que tu devrais te raconter – et deux fois plutôt qu'une ! – si tu n'as pas eu l'enfance que tu voulais et que tu crois que, à cause de ça, il n'y a rien de bien qui t'attend dans la vie !

EXEMPLE N° 2 (*old fashion* aussi, mais devenir riche n'est jamais démodé ! Ce qui a marché dans le passé marchera encore, et encore, et encore, si du moins tu peux l'adapter au goût du jour ! Le jour où tu es là et peux encore avoir une influence sur le monde, et sur TON monde !)

Elle naît le 12 mai 1918, au Texas.

Pas l'État américain le plus sympa, si tu m'en crois.

Je ne sais d'ailleurs pas pourquoi je dis ça, je n'y suis jamais allée : ils ont encore la peine de mort, et cetera.

En 1939, à 21 ans, elle devient représentante pour la société Stanley Home Products. Pour mousser les ventes de produits ménagers dont des récurants et des vadrouilles, elle organise chez elle des soirées.

Sa vaillance, son ingéniosité, sa brillance sont telles que, en 1952, une autre compagnie, World Gifts, vient la chercher.

Elle y consacre plus des 10 prochaines années de sa vie, où elle espère et anticipe une promotion bien méritée.

Mais on l'accorde à un… homme !

Un homme qu'elle a elle-même formé !

Mais elle était blonde évidemment!

En plus, on alloue à cet homme un salaire largement supérieur au sien.

Révoltée que, malgré son talent et ses ventes exceptionnelles, on lui ait préféré un homme, elle remet «virilement» sa démission.

En 1963, dans un local miteux, avec des meubles achetés chez des brocanteurs, et les maigres 5000 $ empruntés à son fils, malgré la mort tragique, un mois avant, de son deuxième mari emporté par une foudroyante crise cardiaque, elle lance, à 45 ans, sa première compagnie de produits de beauté… Mary Kay Inc., nommée d'après son nom Mary Kay Ash!

Elle a toujours ressassé l'utile, et en fait indispensable mot que lui répétait son admirable mère: «Tu peux le faire!»

Toi, amie lectrice, tu… peux le faire.

Faire pour toi avec profit ce que tu as fait trop longtemps pour un autre sans vrai profit!

EXEMPLE Nº 3. Mon adorable ami Serge Beauchemin, l'homme d'affaires (aussi mentor et dragon de la télévision, il pète le feu!), avait 19 ans quand il a décidé de quitter, avant même d'avoir terminé son DEC, ses études, pourtant brillantes et qui l'auraient conduit à Harvard, s'il avait voulu.

Il avait éprouvé un frisson exaltant, prometteur et irrésistible en passant à bicyclette devant une boutique d'informatique.

Il y devient vendeur, et des meilleurs, ne compte pas ses heures, mais survient un malheur, en fait une bénédiction cachée: il a, comme on dit en langage poli, un conflit de vision.

Avec son patron. Il donne sa démission.

Démarre illico en 1987, avec un copain, 40 glorieux dollars et 3 cartes de crédit en poche : 3-SOFT.

Les débuts sont tout sauf lents, le chiffre d'affaires tout sauf *soft* :

650 000 $ la première année !

1 500 000 $ la deuxième année !

En 2004, le chiffre d'affaires atteindra 75 millions, et 3-SOFT aura figuré pendant 6 années d'affilée parmi les 50 sociétés les mieux gérées au Canada.

À 40 ans, Serge vend, et, multimillionnaire, se détend.

Un temps.

Avant de se consacrer à ses autres passe-temps.

De nouveaux investissements.

De nouveaux divertissements.

De nouvelles expéditions au volant de sa rutilante et silencieuse Tesla : il est farouche défenseur de l'environnement.

Le *spin-off* a plusieurs avantages.

Le premier, et le plus important est sans doute que c'est un autre que toi – ton patron, en l'occurrence – qui paie pour tes erreurs !

Si tu en fais trop, bien sûr, si tu n'apprends pas de tes erreurs, comme on dit, il te congédiera.

Mais en attendant, tu deviens meilleure.

Dans ce que tu fais.

Et c'est en devenant meilleur dans ce qu'on fait qu'on s'enrichit.

Tous et toutes, dans ces exemples, ont fait pour eux-mêmes – et avec un succès financier éblouissant – ce qu'ils avaient d'abord fait pour un autre.

En somme, cet « autre » a été le financier de leur éducation (épongeant au passage leurs erreurs), l'entreprise de leur ancien patron a été leur université du succès.

Moi aussi j'ai fait ça d'une certaine manière.

Pendant toutes mes études, j'ai travaillé en pharmacie. J'observais, notais ce que je trouvais bon, ce que je trouvais moins bon, ce que je trouvais carrément mauvais : je prenais de l'expérience.

En fait, quand tu absorbes ce que fait de bien quelqu'un qui a 20 ou 30 ans d'expérience, c'est comme si tu prenais un raccourci ou, si tu veux, l'autoroute du succès : tu progresses 20, 30 fois plus vite, tu évites bien des erreurs, des pertes… de temps et d'argent !

N'aie pas peur de faire ce que la plupart des gens ont peur de faire ou à quoi ils ne pensent même pas : pose-lui des questions !

Demande-lui comment il s'y est pris, quels ont été ses meilleurs coups, quels sont les secrets de son succès.

La plupart des gens A-D-O-R-E-N-T parler d'eux, de leur réussite.

Sois fine mouche : profites-en !

Un jour, j'ai assisté à une conférence du Club des investisseurs immobiliers du Québec, fondé par mon bon ami Jacques
Lépine, et dont Yvan Cournoyer, son brillant bras droit, a repris
le flambeau. Il y avait un type formidable dont j'oublie le nom,
propriétaire de 3000 logements pour personnes âgées, qui a
raconté ses débuts : il est simplement allé rencontrer les gestionnaires de résidences existantes et… leur a posé des questions !

Oui, il leur a simplement posé des questions ! Auxquelles ils
se sont fait un plaisir de répondre, sans lui demander le moindre
sou. Ils lui ont dit ce qu'il fallait faire et ne pas faire, comme par
exemple (connaissance spécialisée et utile et payante !) qu'il était
préférable de laisser la cafétéria de la résidence en concession,
plutôt que de la gérer soi-même. Lui prenait des notes. Comme
moi j'en avais pris à mes débuts.

Comme toi tu devrais en prendre aux tiens.

Mais parfois, – et malgré ce que je viens de dire – tu ne
pourras pas faire pour toi ce que tu faisais pour un autre ?

Pourquoi ?

10

Invente-toi un nouveau job – ou : 1+1=2 $!

Parfois, malgré ta prudence infinie, tu ne pourras pas faire pour toi ce que tu faisais pour un autre parce que le domaine, le produit, le service qui te rendra riche… n'existe pas encore !

Il t'a fallu… l'inventer !

Comme plein de millionnaires modernes qui sont devenus riches en dix, cinq et même un an !

La série originale de *Star Trek* – maintenant ce qui est populaire, c'est sa suite tant attendue, sorte de *spin-off, Star Trek, The Next Generation* – commençait par l'annonce suivante: L'Espace, frontière finale. Ce sont les voyages du vaisseau spatial Enterprise. Sa mission de cinq ans : explorer d'étranges <u>nouveaux</u> (c'est moi qui souligne) mondes, chercher de <u>nouvelles</u> formes de vie et de <u>nouvelles</u> civilisations, d'aller audacieusement où aucun homme n'est allé avant. (*Space, the final frontier. These are the voyages of the starship Enterprise. Its five year mission: to explore strange new worlds, to seek out new life and new civilizations, to boldly go where no man has gone before.*)

J'ai souligné parce que je trouvais amusante et intéressante et surtout... <u>instructive</u> la triple répétition du mot: nouveau.

Ce qui est nouveau attire et vend.

Ce qui est nouveau est souvent ce qui assure la survie des entreprises: et c'est pour cette simple raison que, par exemple, Apple et Microsoft, et les manufacturiers automobiles arrivent presque chaque année avec soit une nouvelle génération d'un produit existant, soit un produit nouveau.

Le vaisseau s'appelle *Enterprise*.

Enterprise, qui bien sûr se traduit par entreprise dans la langue de Molière...

Entreprise, comme celle que tu as fondée ou est sur le point de fonder.

Sa mission de cinq ans?

Toi aussi tu pourrais avoir ta mission de cinq ans, ton plan quinquennal, qui serait de devenir millionnaire... d'ici cinq ans!

Comment?

En allant audacieusement où aucun homme et surtout aucune femme n'est allée avant.

Donc en innovant!

En créant un produit nouveau, un service qui comble un besoin non encore comblé, ou pas de manière assez moderne, assez pratique, assez économique.

Des exemples ?

Airbnb.

Entreprise qui permet à des voyageurs de louer une chambre, un appart ou un condo à un particulier au lieu de louer de manière conventionnelle à un hôtel.

Depuis sa création en 2008 jusqu'en 2012, 10 000 000 de nuits ont été réservées. La plateforme couvre plus de 500 000 annonces dans près de 200 pays.

Comment est née cette idée ?

Comme bien des idées : à la suite d'une frustration, ou de la simple observation d'un manque dans le marché existant, que le nouveau service peut combler.

En 2007, à San Francisco, lors d'un important congrès de design, les trois fondateurs d'Airbnb, Brian Chesky, Joe Gebbia et Nathan Blecharczyk constatent que toutes les chambres d'hôtel sont louées. Ne faisant ni une ni deux (sans plan d'affaires et sans financement !), saisissant l'occasion quand elle passait, ils louent des chambres dans leur propre appart avec un matelas gonflable, d'où le mot air b(ed) et un petit-déj, b(reakfast), en anglais donc Airbnb, contraction de *Air bed and breakast*.

Les revenus proviennent des locateurs et des voyageurs. La société s'est rapidement développée et, malgré la concurrence, a rendu ses fondateurs millionnaires.

Uber, fondée en 2009, à San Francisco, utilise au fond la même idée, mais entre des propriétaires d'autos et des usagers qui souhaitent utiliser une forme de transport autre que celle assurée par des taxis conventionnels.

Même si ses activités sont contestées dans de nombreux pays, elle était évaluée en 2015 à 50 milliards de dollars, ce qui a rendu fortunés ses trois fondateurs, Garrett Camp, Travis Kalanick et Oscar Salazar.

La lucrative idée leur est venue aussi simplement qu'aux fondateurs d'Airbnb. Participant au salon LeWeb à Paris en 2008, ils n'arrivent pas à se trouver un taxi, problème qu'ils ont déjà noté à San Francisco.

De retour à Silicon Valley, et <u>même s'ils sont encore employés d'une compagnie</u>, StumbleUpon, ils montent le truc dans leurs temps libres.

L'entreprise connaîtra une croissance rapide (Travis Kalanick, le PDG actuel, affirme doubler le chiffre d'affaires de l'entreprise tous les six mois), et devant son succès spectaculaire, attirera des investissements de plusieurs centaines de millions, par exemple de Google, Goldman Sachs, Facebook. L'entreprise aurait une valeur de 40 milliards en 2014.

Malgré les protestations occasionnées dans plusieurs pays, car ces entreprises sont rapidement devenues internationales, vu le Net qui fait du monde un village global, ces exemples démontrent bien ce que j'appelle l'équation 1+1=2 $.

OUI, l'ÉQUATION :

1+1=2 $

1 :   il y a un manque dans un marché, un « défaut », une faille, ou alors une tendance qui se dessine, mais qui n'a pas encore été exploitée, et les gens de toute manière sont avides de nouveauté, peut-être parce qu'il y en a trop peu dans leur vie monotone. Plu-

sieurs usagers sont frustrés mais ne font rien, car ils ne sont pas comme toi qui lis ce livre des million-naires en herbe à l'affût d'une idée nouvelle.

+1 :   quelqu'un trouve une manière de combler ce besoin, de réparer ce défaut, ou il est le premier ou un des premiers à tirer parti d'une tendance nouvelle qu'il a perçue, flairant la bonne affaire.

=2 $:   il lance le produit ou le service et devient million-naire.

1+1=2 $!

Toi, tu peux faire 1+1=2 $?

Il y a aussi des 1+1=2 $ qui demandent plus d'inventivité, et beaucoup plus de sous, et plus de connaissances technolo-giques. Mais soit dit en passant, Henry Ford n'était ni mécanicien ni ingénieur, et il est pourtant devenu l'immense manufacturier de voitures que l'on sait.

Un exemple…

Mais avant de te le donner, je te fais un peu travailler, je te donne une énigme, une sorte d'équation à 1+1=2 inconnues.

Sais-tu combien il y a d'usagers de cellulaires dans le monde au moment où j'écris ces lignes, soit en 2015 ?

Comme je ne peux pas entendre ta réponse, je réponds à ta place, comme si tu la savais : 4 000 000 000 !

Oui, 4 milliards !

Assez joli marché potentiel, non ?

Mais ce n'est pas là une des deux inconnues que je voulais soumettre à ton attention.

Voilà plutôt la première, qui est simple à résoudre au fond.

Quel est le problème – hyper frustrant! – que rencontrent presque tous les usagers du cellulaire au cours de la journée?

Tu l'as rencontré, je sais, et deux fois plutôt qu'une, et souvent dans la même journée!

Ta pile t'a laissé tomber!

Souvent au pire moment: tu avais une importante réunion d'affaires – ou un premier rendez-vous galant – et tu t'es retrouvée dans un bouchon de circulation, parce que ton GPS n'est pas *traffic wise* (traduction libre: il est con, car il néglige ce qui compte le plus, la circulation!) et tu ne peux pas prévenir ton client – ou ton futur amant, tu le sens – que tu seras en retard, et ça te tue, en tout cas, tu t'arracherais les cheveux si justement ça ne venait pas de te coûter les yeux de la tête pour te faire coiffer pour l'occasion!

1 : donc la frustration, la faille dans un marché, l'imperfection dans un produit pourtant en grande demande, mais qui n'attend que toi, ton astuce, ton génie, ton sens pratique, ton baiser ou KISS (*keep it simple stupid*: garde ça simple et stupide) pour être encore en plus grande demande…

+

1 : une société de haute technologie est à mettre au point un vêtement, oui, tu as bien lu, un VÊTE-MENT, capable de récupérer l'énergie produite par

les mouvements du corps. Il fallait y penser, mais c'est simple quand… tu t'arrêtes à y réfléchir. L'eau d'une rivière est en mouvement, forcément. Un barrage la harnache et crée de l'électricité. Ce vêtement sera ton « barrage », ton éolienne, si tu préfères, et fera de toi le générateur de ta propre énergie ! Désormais « branchée », tu pourras commodément recharger ton cellulaire et continuer à faire des affaires – ou à en avoir une !

=2 $: le merveilleux gadget n'est pas encore en marché, mais je suis prête à parier que, dès qu'il le sera, s'il n'est pas trop onéreux, il fera un malheur – et le bonheur de ses inventeurs et investisseurs, comme celui de ses millions, oups, désolée, milliards d'usagers ! Car on l'oublie souvent, mais réussir en affaires, devenir millionnaire, c'est aussi et presque toujours… avoir fait le bonheur de beaucoup de gens, sauf si on est cigarettier, mais ça, c'est une autre histoire, un autre débat : je privilégie l'investissement éthique, je ne veux pas m'investir dans des produits que je ne vendrais pas à ma meilleure amie, à ma mère ou à mes enfants si j'en ai un jour. Je veux encourager les services ou des produits qui font avancer les gens, leur font du bien, pas ceux qui les asservissent ou les détruisent : il faut choisir ses combats, et, de surcroît, je crois au karma.

1+1=2 $!

Mais m'objecteras-tu, tu ne connais pas la haute technologie, tu aurais même des goûts fort simples, des goûts de cultivateur en fait.

Écoute cet autre 1+1=2 $!

1 :   de tout temps, les femmes ont voulu paraître jeunes.

Parce que les hommes sont cruels à leur endroit et il y a un double standard de la beauté : chauve, ridé et bedonnant, un homme plaît encore, surtout si la vue de son compte en banque (commodément étalé dans son auto, son « château » et son bateau !) plaît : pour une femme dans la même situation, les chances de séduction sont plus rares, et de toute manière on la traitera avec moquerie de femme cougar.

Donc les sociétés de produits cosmétiques font des affaires d'or, et les cabinets des chirurgiens plastiques ne désemplissent pas.

+

1 :   en Suisse, l'entreprise *Next Fruit Generation* est à mettre au point une pomme nommée *Red Flesh*, vu sa chair rouge, riche en antioxydants et qui surtout aurait la vertu de prévenir le vieillissement ou en tout cas de le ralentir considérablement. Il a fallu 12 ans de recherches et 10 000 croisements pour y arriver ! Mais n'a-t-il pas nécessité à Edison 10 000 expériences pour finalement inventer l'ampoule ?

Il y a un dicton qui dit : *an apple a day keeps the doctor away. Une pomme par jour éloigne le médecin pour toujours.*

=2 $!

Si en plus ce médecin est un chirurgien plastique, la pomme fera un malheur – ou plutôt le bonheur de ses usagers, hommes ou femmes.

Un autre 1+1=2 $?

Avec plaisir !

Sers-toi un bon café chaud et écoute ça !

Si justement tu bois du café, tu as probablement cédé à la nouvelle tendance, ou en tout cas tu l'as notée : les dosettes et bien sûr les cafetières qui viennent avec.

Le prix de chaque gramme de café ainsi proposé est presque le double que si tu l'achetais en sac (et le triple que si tu l'achetais en vrac) et pourtant, de toute évidence en ce cas comme dans d'autres, le critère économique n'est pas le seul qui joue, et je ne parle pas, bien entendu, des produits de luxe pour qui certains consommateurs sont prêts à payer le gros prix sans hésiter, car ils ont d'abondants revenus excédentaires et veulent juste *the best*, la crème de la crème.

Mais même si les dosettes coûtent environ (en 2015 au moment où nous nous apprêtons fébrilement à mettre sous presse) 60 cents par tasse, elles ont des avantages qui font oublier leur prix. Elles sont propres, ou ne salissent pas la cafetière, donc ne demandent pas d'entretien, ce qui participe de leur autre avantage : la facilité, la vitesse.

Et comme le temps est devenu à notre époque la plus précieuse des commodités, parce que tout le monde – avec ou sans raison valable – est pressé, stressé, bousculé dans son horaire, la vitesse de préparation d'une tasse de café est un gros « plus » pour lequel bien des gens sont prêts à payer, même si tout le monde sait que ce n'est pas idéal pour l'environnement.

En fait 25 % de tout le café mondial est maintenant vendu en dosettes !

O tempora, o mores !

Locution latine issue du génie du plus grand orateur de tous les temps, Cicéron, qui veut dire entre autres interprétations, que chaque époque a ses mœurs.

L'homme ou la femme d'affaires opportuniste en tient compte, le voit, ou mieux encore le pressent, le devine, et en tire profit.

Remarque, l'avantage de la vitesse disparaît quand tu reçois 20 personnes et que tu dois faire chaque tasse de café séparément, l'une après l'autre !

Mais en revanche, une personne sur deux est célibataire et les familles sont moins nombreuses. Donc, la cafetière à tasse unique (Keurig et compagnie) plaît, et ressemble à notre époque de narcissisme triomphant, même dans le couple : ta sorte de café, la mienne, on ne met rien en commun, même pas une bonne vieille cafetière Bodum qui ferait en même temps deux tasses de café pour nos petits-déjeuners romantiques !

Mais le succès phénoménal des dosettes ne s'arrête pas là.

Un entrepreneur astucieux, qui voulait permettre aux usagers de ces dosettes déjà préparées de ne pas être frustrés par le prix plus élevé de chaque tasse de café, a imaginé… la dosette vide !

Oui, la dosette vide, que tu remplis du café que tu veux… et que tu as forcément payé moins cher.

En plus, c'est meilleur pour l'environnement !

Double bénéfice qui explique leur rapide engouement !

Quand il y a un grand succès, beaucoup d'entrepreneurs astucieux et opportunistes (et qui comptent beaucoup de détracteurs frustrés de n'avoir pas été aussi rapides !) font ce que les Américains appellent *to ride the wave*. Et qu'on pourrait traduire (un peu bizarrement et paradoxalement comme les Français qui vont au *pressing*, font du *shopping*, et parlent anglais avec un accent exécrable !) par *surfer* sur la vague.

Donc profiter d'une tendance, d'un engouement.

Dans l'édition de livres, le phénomène est fréquent.

Un exemple récent, qui soit dit en passant est une sorte de *spin-off*, mais fait par 2 ou 3 ou 50 personnes différentes.

Combien y a-t-il eu de livres plus ou moins basés sur *Le Code Da Vinci* qui, toutes traductions confondues, s'est vendu à 85 millions d'exemplaires à travers le monde ?

Des dizaines, si ce n'est des centaines.

Ils n'ont évidemment pas fait séparément autant d'argent que l'original, infiniment copié. Je n'ai pas les statistiques, mais juste mon instinct féminin me dit que plusieurs de ces ersatz n'ont pas appauvri leur auteur : ils jouissaient de la publicité déjà toute faite d'un succès établi, ce qui n'est pas à négliger dans un univers où presque tous les best-sellers sont d'abord médiatiques – ou ne sont pas, hélas !

Le Secret, de Rhonda Byrne, a provoqué un phénomène similaire.

L'histoire de ce succès mondial vaut la peine d'être narrée brièvement, car elle pourrait t'inspirer de beaux succès – et de manière plus facile que tu penses.

D'abord son auteure Rhonda Byrne n'avait pas de doctorat ni de maîtrise en littérature.

Elle n'avait jamais écrit de livre ni connu de grands succès en affaires. En fait, de son propre aveu, le livre lui fut en grande partie inspiré par un classique du développement personnel *La Science de l'enrichissement,* qu'on doit à la plume de Wallace D. Wattles et qui fut écrit en 1910. C'est sa fille qui le lui offrit alors qu'elle traversait une crise existentielle confinant à la dépression.

L'ayant dévoré, Rhonda Byrne s'en inspira puis synthétisa la pensée contenue dans divers classiques de développement personnel. Elle interviewa aussi de nombreux auteurs contemporains, des coachs et conférenciers modernes, dont elle reproduit les propos dans un DVD qui parut en mars 2006, car son premier métier était réalisatrice à la télé.

Faisant une sorte de *spin-off* de ce film, elle publia un livre, petit bijou de marketing et de simplicité, et parvint à être invitée deux fois à l'émission d'Oprah Winfrey.

Ce qui propulsa le livre au rang de best-seller: il demeura 146 semaines d'affilée sur la prestigieuse liste du *New York Times* et se vendit à plus de 26 millions d'exemplaires à travers le monde: pas une manière trop mauvaise de tirer profit d'une dépression!

Je ne t'informe pas de ces détails pour la diminuer, bien au contraire. Je trouve admirable tout être qui s'est relevé les manches, et tout honnête succès honorable, car quoi qu'on en dise, le succès ne s'obtient pas si facilement que l'on pense sinon tout le monde en aurait.

Tu veux un autre exemple, encore plus stimulant, celui-là, d'un livre écrit par un auteur dont ce n'était pas le métier?

Mieux encore d'un best-seller que l'auteur n'a pour ainsi dire pas écrit, mais seulement conçu brillamment ?

Laisse-moi te donner quelques indices !

L'auteur ou plutôt le coauteur, Américain de naissance, a obtenu son diplôme en 1962, du Linsly Military Institute.

En 1966, il reçoit son diplôme de la distinguée Université Harvard, mais pas comme on pourrait penser un MBA ou une maîtrise en littérature : non, en histoire chinoise ! On est loin du best-seller mondial !

L'année suivante, il se retrouve modestement professeur de lycée à Chicago.

En 1976, avec un coauteur, il commet un opuscule intitulé *Les 100 manières de rehausser l'image de soi en classe.*

Malgré l'utilité louable de l'ouvrage, aucune apparition dans la liste des best-sellers.

En 1993, à l'âge de 49 ans, divorcé et père de cinq enfants de deux femmes différentes, il cosigne, si j'ose dire, car 90 % du texte n'est pas de sa plume, un ouvrage à succès basé sur les émouvants témoignages de gens qu'il a rencontrés lors de ses conférences de motivation.

Le livre et sa série déclinée à l'infini s'appellent comme tu l'as peut-être déjà deviné *Bouillon de poulet pour l'âme*, et son coauteur, avec Marc Victor Hansen, s'appelle... Jack Canfield !

500 millions d'exemplaires vendus à travers le monde !

Inspirant, non ?

Ne crois-tu pas que tu pourrais, malgré ton absence de diplôme et d'expérience dans le domaine, réussir un coup aussi fumant – puis rire jusqu'à la banque et par la même occasion devenir une célébrité instantanée ?

Penses-y !

Tu as peut-être autant de génie que Rhonda Byrne et que Jack Canfield.

Seulement, tu es restée assise, immobilisée par je ne sais quoi. En fait, je le sais peut-être : tu souffres sans le savoir – ou tu le sais et tu le déplores – de cette maladie de l'esprit que j'ai diagnostiquée et décrite abondamment dans *La Jeune Millionnaire* : la PARANALYSE.

Petit néologisme de ma composition issu, comme tu l'as sans doute deviné, de deux mots que tu connais : paralysie et analyse.

En (triste) résumé : tu analyses trop alors tu… paralyses.

Et paralysée, tu ne passes jamais à l'action, donc il ne se passe rien dans ta vie.

Alors tu… PARANALYSES !

Comme disait Albert Einstein ou à peu près : « La folie, c'est de se comporter de la même manière et s'attendre à un résultat différent. »

Tu veux des changements ?

Alors fais quelque chose !

N'importe quoi mais fais-le !

Et si ce n'est pas la bonne chose du premier coup CE N'EST PAS GRAVE !

Tu te reprendras.

Tu auras une autre chance.

On a toujours une autre chance, même si on se croit ruiné, fini, perdu !

La vie est une boîte à surprises, oui, une BOÎTE À SUR-PRISES, plus merveilleuse et abondante que tu ne penses : encore faut-il que tu fasses le simple geste de l'ouvrir, même si tu as eu dans le passé de… mauvaises surprises.

Mais tu sais quoi ?

Le passé – le tien, le mien, celui de toute l'humanité – n'est plus là, et les surprises, elles sont encore là.

Mais tu n'oses plus ouvrir la boîte qui les contient.

Tu as été déçue, découragée, blessée et même humiliée par le passé, alors ta main est hésitante, elle tremble même devant cette boîte à surprises.

N'attends pas trop, si tu veux mon avis !

Quelqu'un d'autre l'ouvrira à ta place, qui a réussi à oublier ses déconvenues passées, à faire table rase de son enfance, à tourner la page (plusieurs millionnaires ont fait deux ou trois faillites avant de vraiment devenir riches !), à voir que la Vie est plus vaste et surprenante que si on la regarde seulement avec la lunette rétrécissante et surtout, oui, SURTOUT déformante de ses échecs. Car les échecs sont instructifs : tu as appris d'eux, non ?

Et ils forgent ton caractère – si tu ne te laisses pas décourager et te contentes d'en tirer la leçon, car alors tu es meilleure, plus intelligente et plus apte à faire ton premier million !

Tu l'ouvres, cette boîte à surprises ?

Même si tu as fait des erreurs – et parfois coûteuses – même si on t'a ridiculisée, ignorée, exploitée pendant des années?

Oui ou non?

OUI, j'espère, car c'est mon mot favori, tu le sais, je l'ai assez dit.

Et le début de tant de belles aventures, malgré quelques déconfitures.

Mais avant de mettre le point final sur ce chapitre, sur des idées de manières de se créer un nouveau job et de faire 1+1=2 $, vois ci-après une autre manière de faire… 1+1=2.

Mais cette fois-ci, comme tu l'as peut-être noté, il n'y a pas de $ au bout du 2, car l'idée est plutôt philanthropique.

1 :   chaque année, 4 millions d'enfants meurent parce qu'ils ont bu de l'eau impropre à la consommation.

Et plus de 2,5 milliards de personnes n'ont pas de système de traitement d'eau.

+

1 :   ému par ce problème, le professeur Yi Cui, de l'université Stanford, a mis au point une sorte de recette ou si tu veux de procédé fort simple qui peut complètement changer la donne et sauver des millions de vies.

Fais tremper quelques minutes un simple chiffon de coton dans une solution contenant des nanofils d'argent.

Une fois relié à deux fils électriques, un courant de 12 volts seulement permet d'électrocuter les bactéries contenues dans l'eau que tu y filtres, ce qui la rend propre à la consommation – ou presque.

> =2 :   sans $ assuré, mais assurément avec un cœur. Même si le procédé exige encore des améliorations, il sera un jour un bienfait pour l'humanité.

En conclusion de ce chapitre (long mais utile, je crois), je note que bien entendu la liste de ces exemples extraordinaires de nouvelles idées, de nouveaux services et nouveaux produits pourrait s'allonger sans fin et même faire l'objet d'un livre entier.

Ce que j'ai surtout voulu faire, c'est te montrer ou plutôt te rappeler les infinies possibilités de l'esprit humain, l'ingéniosité et l'opportunisme de beaucoup de gens qui ont fait 1+1=2 $, même s'ils n'avaient aucune expérience : ils avaient juste une bonne idée, du flair et de bons nerfs, ou de la folie, appelle comme tu voudras ce plongeon vers l'inconnu qui conduit si souvent au premier million.

Mais, me diras-tu, tout cela est formidable, inspirant, magnifique !

Pourtant j'ai bien beau être exaltée par tous ces exemples variés, je sais que je vais bloquer.

Pourquoi ?

Parce que je n'ai pas d'argent !

La vérité est que ça n'a jamais empêché quelqu'un de devenir millionnaire.

Voyons comment et pourquoi !

11

Comment trouver l'argent
pour démarrer ton affaire

« L'argent est le nerf de la guerre! »

« Il faut absolument de l'argent pour démarrer en affaires! »

C'est du moins ce que répètent la plupart des gens qui justement… ne se lancent jamais!

Il en faut sans doute un peu parfois, mais penses-y quelques minutes ou mieux encore quelques secondes!

De tous les millionnaires que tu connais ou dont tu as entendu parler, qui avait en poche 100 000, ou même 50 000 $ ou même 10 000 $ lorsqu'il s'est lancé?

Presque aucun, à la vérité.

Et pourtant… <u>tous sont devenus millionnaires</u>!

La vérité est que le talent de trouver de l'argent pour se lancer en affaires EST une qualité nécessaire à la réussite.

La vérité, triste mais pourtant incontournable, c'est que si tu n'as pas ce talent, tu ne réussiras probablement pas en affaires.

Parce que, justement, tous ceux qui ont réussi en affaires AVAIENT ce talent.

Et d'ailleurs, au cas où tu ne le saurais pas, ce talent, tu n'en auras pas seulement besoin pour te lancer, tu en auras aussi besoin à bien d'autres moments dans ta course vers le million – ou le milliard, voyons grand !

Tu en auras besoin, par exemple, quand, malgré ton succès et les profits de ton entreprise, tu voudras prendre de l'expansion, développer un nouveau territoire, acheter un rival – et que la banque te dira non, car elle attribuera à la chance tes premiers succès.

Au fond, trouver l'argent pour démarrer, c'est un peu, une sorte de portail que tu dois franchir pour accéder au « royaume ».

Remarque – et c'est la beauté de notre époque –, certaines entreprises de service ne nécessitent que peu ou pas de sous au départ. Tu dois faire de la pub, bien sûr, pour te faire connaître, mais maintenant sur Facebook et les autres médias sociaux, c'est pour ainsi dire gratuit ou fort peu coûteux.

Dans tous les contes initiatiques, il y a une épreuve que le héros doit réussir, s'il veut devenir roi, conquérir la princesse, trouver le trésor qui le rendra fabuleusement riche. En affaires, cette épreuve, c'est… de trouver l'argent pour démarrer !

Donc au fond, si tu te laisses décourager parce que tu n'as pas d'argent, si tu baisses les bras, c'est que tu n'as pas l'étoffe nécessaire pour te lancer et encore moins pour réussir en affaires.

La peur te paralyse – ou le manque de vraie ambition : en un mot comme en mille, ou plutôt un million, tu n'as pas vraiment la vocation, tu te chantes une chanson, tu te racontes une histoire – un *success story* qui n'arrivera pas.

Sinon tu ne te poserais pas tant de questions : tu ne te laisserais pas arrêter par cet obstacle qui, dans le passé, n'a jamais freiné aucun futur millionnaire : le banal manque d'argent !

Si cet obstacle t'immobilise, te décourage, c'est mauvais signe. Vraiment. Désolée de ma sincérité, mais je ne jure que par l'authenticité !

À la vérité, si tu y penses, on peut utiliser à nouveau l'équation 1+1=2 $

Voilà comment :

1 :   c'est ta bonne idée, ton service, ton produit, la faille que tu as trouvée dans le marché et que tu sais comment combler.

+

1 :   le second 1 de cette équation du succès, c'est, comment dire ? ta conviction de réussir. Oui, simplement, ta CONVICTION. Qui vaut son pesant d'or, car elle est précieuse et rare, et plus que les gens ne pensent : c'est un véritable don du ciel – ou de tes parents, c'est selon.

Donc, 1 : bonne idée +1 : conviction =2 $: l'argent dont tu avais besoin pour démarrer !

1+1=2 $

Yeah !

Simple, non ?

Et si tu trouves ça simpliste, c'est que tu ne connais pas les débuts (presque toujours modestes et difficiles) de ceux qui ont fait fortune.

Mais, me demanderas-tu avec une insistance que je comprends, peux-tu quand même me donner des astuces pour m'aider à trouver cet argent ?

Bien sûr, tes désirs sont des ordres, adorable amie lectrice et jeune (ou moins jeune) future millionnaire, si du moins tu le veux vraiment, si du moins tu y crois, si du moins tu crois en toi !

Voici donc une liste de 12 conseils plus ou moins faciles à appliquer, selon ton tempérament et ta situation financière actuelle.

1. La manière la plus prudente est sans doute de faire ce que bien des experts recommandent. Tu démarres ton business tout en gardant ton emploi, mais en mettant les bouchées doubles. (Pas facile en passant si tu as ami, mari, amant et enfants : revêts illico ton déguisement de superwoman !) Lorsque ton business t'assure comme revenus ce que tu gagnes dans ton job en un an, tu fais le saut.

2. Tu as recours à ce que les Américains appellent le *love money,* l'argent de ceux qui t'aiment, parents, relations, amis, petit ami, même si en général, selon mon expérience et ce que me disent les centaines de femmes qui viennent me consulter chaque année à travers mon entreprise L'Activatrice inc., le petit ami leur met presque toujours des bâtons dans les roues, ou leur déclare que leur projet est fou.

3. Tu peux faire comme Daniel Langlois avec Softimage, qu'il a fondé en 1986. Il a démarré grâce en partie à l'apport d'investisseurs privés (dont Yvon Deschamps) qu'il a réussi à convaincre (1+1=2 $) d'acheter des actions de son entreprise naissante. Personne ne l'a regretté. Huit ans après, la valeur de l'entreprise ayant été dopée par la brillante collaboration dans le mégahit *Jurassic Park* de Steven Spielberg (Softimage ayant créé la saisissante animation des dinosaures!), elle fut vendue à Microsoft pour 175 000 000 $. Quatre ans plus tard, soit en 1998, Microsoft, qui n'avait pas fait un mauvais placement, la revendit pour… 285 millions à Avid Technology. Qui fit une moins bonne affaire et la céda pour une bouchée de pain, soit seulement 35 millions à Autodesk (après avoir quand même fait des millions en l'utilisant!). Ce qui enseigne une leçon sur laquelle je ne pourrai pas m'étendre, hélas, faute d'espace, mais qui porte à réflexion. Dans notre monde en changement rapide, il faut savoir quand vendre. *Un tiens vaut mieux que deux tu l'auras*! Une entreprise dont la valeur est essentiellement basée sur

un produit vedette, une mode (souvent éphémère qui dure le temps que durent les roses comme, hélas, bien des amours modernes) mieux vaut la vendre au bon moment.

4. Même un peu AVANT, ce qui vaut mieux (dans ton compte en banque) que trop tard, car ton entreprise devient vite sans valeur quand ton produit, ton service devient obsolète, ou moins populaire parce qu'un ou des concurrents ont trouvé une manière de faire mieux et surtout à moindre coût: essaie de vendre un Walkman depuis qu'existe le iPod, que supplante petit à petit (c'est le cas de le dire!) le nano iPod! Essaie de faire fortune en vendant des télécopieurs: toutes les imprimantes intègrent cette fonction, et donc ont signé (en autant de copies que tu le veux!) l'arrêt de mort du télécopieur. Tout bouge vite: sois vite sur tes patins pour démarrer un truc, et vite sur tes patins quand vient le temps de le vendre et qu'il est au maximum de sa valeur!

5. Tu peux aussi demander une subvention au gouvernement, une sorte de bourse ou de prêt pour démarrer une entreprise: sois patiente et... bonne chance! Il y a beaucoup d'appelés, mais peu d'élus. Il existe aussi des organismes, ou clubs comme Anges Québec, qui selon certains critères, te fourniront une partie ou tout ton capital de départ, suivant des conditions précises. Tu devras leur donner des garanties ou une participation dans ta société, un peu comme l'exigent les dragons. Mais leur expérience, leur vision, leurs

contacts vaudront souvent le coup. Même s'ils sont parfois gourmands. Je dis souvent : mieux vaut avoir 75 %, ou 50 %, même juste 30 % de quelque chose de *big*, que 100 % de rien !

6. On retrouve plein de propriétaires de petites et moyennes entreprises qui arrivent à l'âge de la retraite (ça peut être 50 ans !) et n'ont pas de relève : ils n'ont pas d'enfants ou leurs enfants ne s'intéressent pas au *business* familial. Ils sont souvent prêts à accorder des conditions avantageuses à celui ou celle qui veut prendre la relève, et ce, même s'il n'a pas ou peu d'argent.

    Un exemple : supposons que l'entreprise vaille 5 millions.

    Tu proposes au proprio, désireux de prendre sa retraite, un salaire de 100 000 $ par année, même s'il ne met plus les pieds au bureau. Donc, il t'accorde un solde de vente de 500 000 $, ce qui constitue en quelque sorte ta « mise de fonds » initiale, et tu tentes de trouver les 4,5 millions qui manquent chez un prêteur privé ou institutionnel : une banque. Fais appel à un bon notaire ou un bon avocat pour finaliser la transaction ! Si tu as bien travaillé et fait prospérer l'entreprise pendant 5 ans, tu pourras rembourser en tout ou en partie le prêt, ou en contracter un nouveau, selon tes besoins financiers à ce moment-là.

7. Si tu es audacieuse et culottée (du moins dans le bon sens du mot), imite commodément, avec bien sûr tous les aménagements tactiques et

stratégiques que tu voudras, Aristote Onassis! Le richissime armateur milliardaire qui fut le célèbre amant de Maria Callas avant d'épouser la veuve de John F. Kennedy, devenue Jackie O, fit preuve de ruse financière à ses débuts. Juges-en par toi-même! Il avait jeté son dévolu sur une flotte de vieux pétroliers. Mais il n'avait pas l'argent pour l'acheter ni le crédit nécessaire pour obtenir un prêt de la banque. Il ne s'en soucia pas, mais il réussit à faire signer à une compagnie pétrolière un important contrat de transport, et ce… <u>même s'il n'avait aucun pétrolier pour transporter l'or noir</u>! Ensuite, il se présenta à la banque avec ce contrat qui servit de garantie au prêt qu'il sollicitait pour acheter la flotte! Sa carrière d'armateur était lancée, sa fortune assurée. Comme disent les Américains: *"Where there is a will, there is a way."* Où il y a une volonté (on pourrait ajouter de l'imagination, de la ruse, de l'audace!), il y a un chemin. Ne peux-tu pas faire la même chose à ton échelle – avec un peu d'astuce et d'audace? Signe le contrat avant, peu importe ton domaine, puis va à la banque: ça te donnera le «levier» que tu n'avais pas.

8. Aussi, parfois tout simplement, quand la banque te dit non, tu sais quoi? Demande à une autre banque! Elles n'ont pas toutes les mêmes critères. J'ai un ami qui s'est fait refuser par six banques: la septième a dit oui. *Lucky seven*! Si toutes les banques te disent non, tu peux aussi tenter ta chance avec un courtier. Si cette dernière démarche échoue, obtiens quand même un

« prêt » de… tes fournisseurs (la plupart du temps rencontrés dans l'emploi que tu occupais avant, et qui donc t'a servi de meilleur tremplin que tu croyais), en négociant avec eux de bonnes conditions de paiement, de 60, 90, ou même 120 jours! Mais n'oublie pas une chose très importante: ils t'ont fait confiance, alors que personne n'a voulu le faire, ils t'ont donné ta première chance, pour que tu puisses te lancer en affaires. Ne les déçois pas, ne les trahis pas! Et n'oublie pas que ton nom est précieux, que si tu perds ta réputation dans l'opération, tu la perds pour longtemps, parfois encore plus longtemps qu'il t'a fallu pour l'établir!

9. Au début de l'incroyable aventure de Microsoft, Bill Gates et son ami et cofondateur, Paul Allen, comme ils étaient sans le sou, ont payé certains employés, même leur secrétaire, avec des actions de leur entreprise. Ces actionnaires involontaires sont tous devenus multimillionnaires. Tu pourrais les imiter, non? Si tu crois en toi, d'autres croiront en toi, et voudront participer à ton succès, et avoir une part du gâteau – si tu leur en offres une! La modération a bien meilleur goût, cependant, alors tempère ta générosité!

10. Trouve une manière rapide de faire un coup d'argent (sauf au casino ou par un vol de banque, bien entendu!), en écrivant ou en faisant écrire un *e-book* dont tu as eu la géniale idée, en démarrant un site Web sur lequel tu peux vendre un service ou un produit, en utilisant la pub quasi gratuite de Facebook! *Flipe*, ou si tu veux, achète (il existe

plusieurs techniques pour acheter sans argent!),
retape et revends une propriété immobilière!
Prends le profit pour te lancer – à moins que
«contaminée» par la facilité de ce profit rapide tu
ne décides de te lancer… en immobilier!

11. Des entrepreneurs audacieux (la décision te
     revient, je ne veux pas t'influencer en ces matières
     délicates) vont même jusqu'à hypothéquer leur
     maison. C'est ainsi que René Angélil a trouvé
     l'argent pour lancer la carrière de Céline Dion. Il
     a admis être un joueur. Pas surprenant que Céline
     et lui aient établi leurs quartiers d'hiver et d'été! à
     Vegas: il faut dire que le Caesars Palace leur a
     déroulé le tapis rouge – et construit un théâtre
     sur mesure. *Gambler* de génie, Angélil savait qu'il
     faisait un coup de dés, mais avec Céline il est
     tombé sur le *lucky seven*! En général, plus le
     risque est grand, plus le bénéfice l'est. C'est une
     sorte de loi des affaires et de la Vie – sinon ce
     serait trop facile et tout le monde serait million-
     naire. Mais si tu as mari et enfants, si surtout ton
     mari est un ex-*gamer* (et pas un *gambler* de génie
     comme René Angélil), c'est toi qui apportes le
     pain sur la table, lui ne fait que le trancher, et sou-
     vent mal, et souvent vite, car il doit évidemment
     retourner devant sa merveilleuse télé ou son ordi:
     il a tant à faire, le pauvre chéri! Pauvre dans tous
     les sens du mot: financier et émotionnel, et intel-
     lectuel et humain, et j'en passe, mais il est beau,
     décoratif, en somme, et tu l'aimes quand même
     comme bien des hommes aiment des femmes
     pour leur beauté: tu as les moyens de tes goûts

luxueux pour ne pas dire ruineux! Oui, dans tes
ambitions de femme d'affaires, tu seras peut-être
plus prudente, car tu as charge d'âmes, et tu as des
bouches à nourrir, dont celle de ton mari, alors tu
renonceras peut-être à ton rêve. Mais n'oublie
jamais que... tu as juste une vie à vivre, et personne d'autre que toi ne peut la vivre à ta place,
surtout pas ton *loser* de mari ou petit ami, je veux
dire petit dans tous les sens du mot, car dès que tu
vois grand il tente de te diminuer, de te rabaisser,
de te dire que tu es juste une femme, moi je suis
un homme: il fait son prévisible et déplorable
travail d'homme sans envergure et sans futur,
quoi!

12. Lance-toi... sans avoir d'argent – et sans même
chercher à en trouver! Pourquoi s'embarrasser de
semblable détail? Bien des entreprises florissantes
ont démarré ainsi. Leur fondateur n'avait pour
ainsi dire pas un sou. Ni bureau ni secrétaire en
passant. Ainsi, le milliardaire John Paul Getty a
avoué avoir fait son premier million en utilisant
comme bureau... son auto! Avec le téléphone cellulaire, Internet et les ordinateurs, on peut longtemps se passer, du moins dans bien des domaines,
d'un véritable bureau. Ta simple maison, ton
appart, ton sous-sol, ton garage, ton auto, même
rouillée, ta cuisine suffisent amplement. Comme
ils ont suffi à bien des millionnaires avant toi.
J'aime dire qu'il faut penser grand, mais en même
temps: ce qui est petit est merveilleux. *Think big
but... small is beautiful*! Vois grand (dans tes
objectifs de succès), mais «pense petit» dans tes

dépenses ! Je veux dire sois prudente, économe, spartiate ou si tu veux « gratteuse » à ce chapitre. Si tu te crées une structure qui au départ est trop onéreuse (loyer à payer, personnel…), tu risques de ne pas survivre longtemps, surtout si tes clients te payent lentement : tu as alors un (sérieux) problème entre le décaissement (ce que tu dois payer) et l'encaissement (ce que tu dois recevoir). Et tu risques de fermer boutique plus vite que tu ne penses. Alors pense ! Il faut grossir avec son entreprise, suivre son rythme, sa croissance, penser grand certes, mais ne pas avoir les yeux plus grands que la panse !

Selon mon expérience, attendre d'avoir de l'argent pour se lancer est souvent… une excuse déguisée ! La vérité est que tu as peur, que, sans oser l'avouer, tu chies dans tes culottes (excuse ma grossièreté !), alors tu stagnes dans la paranalyse, et c'est commode et moins mortifiant pour ton ego d'expliquer que tu attends d'avoir rassemblé les fonds nécessaires : tu risques souvent de les attendre jusqu'à l'âge de la retraite et de ne jamais te lancer, ce qui, si tu étais honnête avec toi, te terrifie ! Ton honneur est sauf, bravo du moins aux yeux des autres (en tout cas de ceux qui manquent de pénétration psychologique). Pour peu, on te décernerait un diplôme, un doctorat *magna cum laude* pour celle qui n'a pas osé se lancer et a réussi à convaincre tout le monde que ce n'est pas de sa faute, juste celle des autres (personne n'est coupable de rien même les plus grands assassins !), des méchants banquiers qui n'ont pas voulu lui prêter d'argent. Mais comme tu es lucide, comme tu es intelligente, tu sais bien intérieurement que tu t'es menti, que tu as commis un crime contre ton humanité, contre ton génie, que tu as péché par manque d'authenticité : et ça, on se le pardonne rarement, même si on a sauvé les apparences. Car suffit-il de sauver les apparences pour sauver son bonheur ?

Mais il y a une autre chose vraiment importante, au début – au milieu et à la fin aussi ! – que tu dois faire pour réussir, et si tu ne le fais pas, tu te condamnes presque à l'avance à l'échec ou à faire très peu de profits, et à travailler pour des prunes.

Vois immédiatement de quoi il en retourne !

12

Négocie tout!

Négocie!

Négocie tout!

Négocie tout, tout le temps!

Négocie tout, tout le temps, avec tout le monde!

Faire de l'argent est une chose.

Mais il faut qu'il en reste à la fin dans la caisse, sinon tu fermeras boutique, crois-moi!

Encore une fois, tu peux appliquer l'équation que j'aime bien, et qui est même une sorte de *motto* pour moi, comme tu l'auras sans doute deviné, ou plutôt une nécessaire modification : 1-1=2 $

Oui, 1-1 et non pas 1+1!

1 :   c'est combien tu vends ton produit, ton service : son prix, en somme.

-

1 :   c'est combien te coûte ledit produit ou service (en tentant de considérer tous les frais cachés ou oubliés ou imprévus (il faut pourtant les prévoir, se faire une petite provision idoine), comme l'intérêt que tu paies sur le prêt dont tu as eu besoin pour démarrer !

=2 $

Ou parfois 1 $…

Ou parfois 0 $!

OUI, ZÉRO MAJUSCULE ! Tu as juste fait tes frais, ou un *break even*, comme on dit en bon français. Tu es « rentrée dans ton argent », mais tu n'en as pas fait, ce qui était pourtant le but de l'affaire, de toute affaire : tu ne t'es même pas pris de salaire, car tu as oublié ou préféré ne pas l'inclure dans les coûts de production de ton produit ou service, ça s'est vu.

Ou parfois :

1-1= -1 $, ou -2 $ ou pire encore : tu perds de l'argent comme de l'eau !

Tu n'as pas fait attention à tes coûts, tu n'as pas assez pensé aux profits, sans lesquels une entreprise ne peut jamais survivre et grandir, tu n'as pas tout négocié : tu es dans la m… tu sais tristement de quoi je parle !

Alors négocie tout, tout le temps, en affaires comme dans ta vie privée, qui n'y échappe pas, surtout avec le genre d'hommes qu'on trouve actuellement sur le marché.

Un exemple?

Un matin je me lève, et j'ai envie de changement dans ma vie.

Pas d'homme, de voiture!

6 h a.m.: Je regarde le modèle que je veux, mais surtout le concessionnaire le plus proche.

6 h 20 a.m.: mon idée faite, je me rends compte qu'il est trop tôt pour communiquer mes désirs précis et non négociables (lol) au concessionnaire qui dort sûrement encore, alors j'attends…

9 h a.m. pile: je prends le téléphone et expose mes désirs et mes exigences à deux concessionnaires: «Bonjour, je veux acheter une voiture, tel modèle, telle couleur avec telles options (je les avais notées studieusement entre 6 h a.m. – 9 h a.m.), aujourd'hui. Je voudrais savoir si vous pouvez me recevoir dans les 3 prochaines heures. Mais il me faut vraiment votre meilleur prix. Je dois vous avouer que j'ai aussi appelé chez deux autres concessionnaires.»

Comme tu peux voir, je joue cartes sur table, j'annonce tout de suite mes couleurs: je veux le meilleur prix.

Que j'obtiens une heure plus tard.

10 h a.m.: Je me rends chez le concessionnaire le plus proche de chez moi, parce que c'est plus pratique. Le représentant qui me reçoit est ravi de mon apparente décision (et m'en félicite) jusqu'à ce que je lui annonce qu'un de ses concurrents m'offre un

prix de 1000 $ inférieur. Comme il sourcille, sceptique, je m'em-
pare de mon téléphone, active la fonction haut-parleur, si bien
qu'on entend la voix claire de la réceptionniste résonner dans
son bureau. Le *rep* gesticule, de toute évidence prêt à égaler le
prix de son rival. Je raccroche.

10 h 15. Je signe le contrat !

Trois jours après, je me retrouve au volant de la voiture que
je voulais, qui est toujours la même, soit noire avec toutes les
options dont j'avais envie.

Écart entre le prix le plus haut qu'on m'a proposé et le prix
que j'ai finalement payé après avoir passé une demi-heure au
téléphone : près de 2000 $!

Pas si mal comme salaire horaire, d'autant qu'il me faut
gagner près de 4000 $ pour me retrouver avec 2000 $ dans mon
compte après… impôts !

C'est la même voiture, qui roule aussi bien !

Négocie tout, tout le temps !

Toujours poliment, gentiment, en t'amusant même si parfois tu prends un air sérieux et… non négociable, car au fond
c'est un jeu.

Mais contrairement aux jeux de hasard, tu y gagnes presque
tout le temps, et parfois beaucoup plus que tu ne penses.

Pour obtenir un meilleur prix, et souvent un prix <u>vraiment
meilleur</u>, tout ce que tu as à faire, bien souvent, c'est simplement… <u>de le demander</u> !

Oui, de le D-E-M-A-N-D-E-R !

Tu sais pourquoi ?

Parce que la plupart du temps, tous les commerçants (sauf bien entendu McDonald's pour un café, ou Pizza Hut pour sa pizza, ou les grandes chaînes comme Walmart ou Home Depot) ont plusieurs prix, surtout pour les produits de grande valeur ou les contrats à long terme.

Il y a…

1. le prix établi, le gros prix, que la plupart des gens paient, sans se poser la question parce que, justement ils ne se sont jamais posé la question s'il y avait ou non un autre prix. Parce qu'ils sont pressés. Ou intimidés de le demander.

2. le prix réduit que la plupart des gens obtiennent, après l'avoir simplement demandé.

3. et parfois un prix encore plus bas, qu'on obtient en insistant, ou en trouvant des arguments astucieux.

La plupart des gens n'osent pas négocier parce qu'ils ont peur qu'on les prenne pour… des pauvres !

Avoir peur de passer pour pauvre est souvent la manière la plus sûre de… le rester !

Moi, je suis la jeune millionnaire, donc je n'ai pas cette gêne ruineuse.

Tout se négocie, alors… négocie tout !

Que ça devienne pour toi une habitude, mieux encore une seconde nature !

Être en affaires, ce n'est pas juste faire de l'argent, c'est aussi… le dépenser intelligemment !

C'est un peu comme au hockey – ou dans la plupart des sports. Pour gagner, il te faut une bonne offensive, mais il te faut aussi une bonne défensive.

Ton offensive, c'est ta capacité de générer des revenus : ta défensive, ce sont évidemment tes dépenses.

Tu as beau compter 7 buts, ce qui est excellent et même remarquable, et même exceptionnel, si tu t'en fais compter 8, tu perds la partie : 1+1=2 $!

Et dans ce cas : 1+1=-1 $

Les méthodes varieront sans doute, surtout arrivé à des niveaux plus élevés, mais l'attitude demeure la même.

Une chose est sûre : tu as peu de chances d'obtenir un meilleur *deal*, un meilleur prix, si… tu ne le demandes pas !

Les gens ne te l'offriront pas spontanément.

Si tu le demandes, tu as des chances de l'obtenir, et souvent tu l'obtiendras : c'est aussi simple que ça !

Négocie tout, même avec les banques.

La plupart des gens n'osent pas le faire.

Pourquoi ?

Simplement parce qu'ils croient que… ça ne se fait pas ! Comme la plupart des gens, surtout s'ils sont des Standards, ils craignent l'Autorité, dont les banques sont, avec le gouvernement, des représentants tout trouvés.

Ce qu'on oublie souvent, c'est que le gouvernement n'est pas une entité abstraite. Ce sont des êtres humains qui y travaillent. Et un être humain peut toujours être influencé lors d'une négociation.

Certains objecteront : je n'ai pas le temps de négocier.

Mais suppose qu'après avoir *shoppé* auprès de trois ou quatre banques comme je le fais avec certains de mes clients lorsqu'ils cherchent un prêt pour leur entreprise, tu économises un demi de 1 % sur un prêt de cinq ans, et que tu épargnes, disons 200 $ par mois.

Eh bien 200 $ par mois, ça fait 2400 $ par année : sur 5 ans, ça fait 12 000 $!

Supposons que tu as passé 6 heures à shopper, ça te fait quand même 2000 $ l'heure ?

Tu travailles à quel salaire horaire, actuellement ?

Penses-y chaque fois que tu hésites à négocier, parce que ça t'embarrasse, que tu es une femme et que tu ne veux pas avoir l'air d'un bouledogue, d'une enragée, ou que tu crois ne pas en avoir le temps, alors que tu as le temps de passer 2 heures par jour sur Facebook ou devant ta télé…

Il y a des choses pourtant qu'il est préférable de ne pas négocier, car ce serait un faux pas. Une erreur souvent coûteuse. Et tu veux faire de l'argent, pas… des erreurs coûteuses !

Par exemple, un graphiste de talent peut te faire un logo génial en une heure, et s'il te demande 1000 $ ou 2000 $, ou plus, ça les vaut largement : le talent est rare et n'a pas de prix.

Un graphiste sans talent pourrait te facturer seulement 500 $, ce qu'il ne trouve pas cher, car il y a travaillé 10 heures, plein de bonne volonté, de zèle et d'application, mais à la vérité, c'est… cher !

OUI, CHER !

Beaucoup trop cher, parce que c'est… mauvais !

Mauvais, inefficace et à mettre au panier parce que ça ne convient pas à l'image que tu cherches à projeter pour ton entreprise. Ça te nuit, ça te fera perdre de l'argent ou ça t'empêchera d'en gagner !

Pour la même raison, un rédacteur publicitaire pourra t'écrire une annonce exceptionnelle en quelques heures et te demander un montant de 1500 $, mais s'il te fait gagner 125 000 $ avec ladite annonce qu'il t'a peut-être pondue, de surcroît, en écoutant la télé et en sirotant un Chardonnay, il n'est pas cher. Vraiment pas cher. C'est même une aubaine !

Il faut savoir quand négocier et payer le meilleur prix, et quand payer le prix que nous demande quelqu'un qui… nous fait faire de l'argent !

Moi par exemple, si quelqu'un exigeait 10 000 $ (même pour une petite heure de travail, même pour 10 minutes), mais m'en faisait gagner avec certitude 20 000 $, je l'embaucherais immédiatement, et même, simple logique de jeune ou vieille millionnaire, j'embaucherais autant de copies conformes, de clones de lui que je pourrais, si du moins la chose se pouvait, car je ferais encore plus d'argent.

À la vérité, et même s'il me demandait 10 000 $ de l'heure, je l'embaucherais encore s'il me faisait seulement gagner 15 000 $ ou 12 000 $ pour ses brillants services.

C'est juste du bon sens commercial.

Comme l'explique si bien mon ami Guy Bourgeois en conférence (et il en donne 200 par année, bon an, mal an, et son agence Formax représente des dizaines de conférenciers émérites, donc il doit un peu savoir de quoi il parle), ta vraie valeur marchande, c'est ce que tu peux faire gagner à ton patron ou à ton client.

Je le répète en capitales car si peu de gens le comprennent: TA VRAIE VALEUR MARCHANDE, C'EST CE QUE TU PEUX FAIRE GAGNER À TON PATRON OU À TON CLIENT.

Pas ce que tu lui factures!

———— ✺ ————

TA VRAIE VALEUR MARCHANDE, C'EST CE QUE TU PEUX FAIRE GAGNER À TON PATRON OU À TON CLIENT.

———— ✺ ————

Si tu es bon négociateur, bon vendeur, il faut que tu le convainques de ça. Que, même si tu lui demandes un montant de 100 $ l'heure, si tu lui en fais gagner 200 $, il fait encore une bonne affaire.

Que si tu lui en «charges» 500 $ – et qu'il en gagne 5000 $ en suivant tes conseils, c'est une aubaine pour lui –, et s'il en gagne 50 000 $, c'est l'enchantement!

Et pourtant tu ne lui demanderas pas plus cher pour autant! À moins que tu ne te sois habilement négocié un pourcentage au rendement, pour cause de profits aussi excessifs qu'imprévus!

1+1=2 $

2 dollars, 2 millions, c'est selon.

Note: Les économies que je viens de décrire te sembleront peut-être des économies de bouts de chandelles, donc minables, surtout si tu brasses déjà des millions.

C'est juste un état d'esprit, une attitude que je veux te transmettre.

Et qui te sera fort utile quand viendra le temps pour toi de faire de plus grosses transactions, d'acquérir un compétiteur, de faire un investissement important.

On ne devient pas un bon négociateur du jour au lendemain.

Donc, commence à négocier tout maintenant: tu seras meilleur demain!

P.-S. ULTIMES CONSEILS DE NÉGO: il y en aurait des dizaines d'autres à donner, si on avait plus de temps.

Je serai brève et dirai seulement quelques trucs de base que tu sais sans doute déjà :

1. N'accepte jamais la première offre ! En général, tu peux obtenir plus.

2. Lorsque tu es la première à parler, demande plus (sans exagérer) que tu souhaites obtenir. Si tu l'obtiens, tu es contente. Si la partie adverse te demande une réduction et l'obtient, elle est contente. Et toi aussi, si tu n'as pas eu à trop abaisser ton prix.

3. Les affaires, c'est parfois facile et agréable, mais c'est souvent *rough,* je veux dire c'est souvent un combat.

C'est un magnifique chemin, mais il est semé de pièges.

Et les premiers pièges se rencontrent souvent sous la forme de contrats.

Que tu devras signer.

Et… LIRE !

Bien des débutants ne lisent même pas ou lisent distraitement les contrats qu'on leur fait signer, et ensuite doivent en subir les conséquences, souvent ruineuses, pendant des années.

Si tu n'as pas d'expérience pour lire un contrat, fais-le lire !

Pas par quelqu'un que tu connais et qui est gentil.

Par quelqu'un qui connaît ça et qui a de l'expérience avec les contrats. C'est la plupart du temps un avocat, je sais : rien n'est parfait ! LOL. Parle-lui de *pro bono* : un truc qu'on fait gratuitement pour un ami. Ou alors demande-lui de t'envoyer gracieusement des modèles de contrats déjà existants, ou trouves-en ! N'hésite pas à t'en «inspirer», si du moins tu as le talent de comprendre le jargon juridique, en adaptant légèrement selon tes besoins et les tenants et aboutissants de l'entente que tu dois conclure !

Si un client ou un fournisseur préfère que tu prépares le contrat, n'hésite pas : fais-le toujours !

La nature humaine est telle que celui qui rédige le contrat s'avantage toujours ou en tout cas se protège naturellement, et ce… même s'il est parfaitement honnête.

Aussi, dis-toi que la loi de Murphy est vraie, qui dit que «tout ce qui est susceptible de mal tourner, tournera nécessairement mal».

C'est souvent faux et en tout cas d'un pessimisme exagéré.

Plusieurs affaires ne tournent pas mal, vont très bien, sont florissantes et tout le monde est content.

Mais le meilleur moment pour inclure dans un contrat des clauses qui te protègent au cas où ça tournerait mal, c'est justement… quand tout va bien, que tout le monde, il est beau, que tout le monde, il est gentil.

C'est comme une lune de miel : il y a quand même des divorces ! Alors même dans les jours heureux – les débuts –, tu dois prévoir ceux qui le seront moins.

Tu DOIS apprendre à te défendre.

Ça ne veut pas dire que ce n'est pas le fun.

Moi, je vois les affaires comme un jeu.

Mais… dangereux !

Et c'est bien ainsi, car c'est justement ce qui le rend si passionnant !

13

Le client a toujours raison...
un million de fois raison !

L e client a raison.

Le client a toujours raison.

(C'est banal de le dire, mais utile de le répéter, car on l'oublie trop souvent.)

Le client a un million de fois raison.

Pour toutes sortes de raisons.

Et la première sans doute et qu'on oublie parfois, dans un élan d'égoïsme ou de stupidité pure et simple, ayant mis son sens des affaires en congé, est que sans client... pas d'entreprise !

Pas de profits $ $ $ $!

Juste des pertes : des employés, des associés déçus !

Personne n'aime perdre de l'argent.

Personne n'aime être associé à un échec.

SANS CLIENT PAS D'ENTREPRISE !

À moins que tu sois déjà millionnaire et que ça t'amuse de jeter l'argent par les fenêtres !

Mais mon petit doigt me dit que non.

Un client m'écrit un message en privé sur ma page Facebook (avec moi FB est un bon moyen, pourquoi pas ?) :

Bonjour Eliane,

Je te félicite pour ta troisième pharmacie. Je te souhaite tout le succès que tu mérites.

Je suis allé chercher ma prescription à ta succursale hyper propre de Bois-des-Filion aujourd'hui et je dois te dire que j'ai été très déçu. On s'est adressé à moi en me nommant Monsieur Cipralex et en plus devant d'autres personnes. Je trouve ça inacceptable et c'est pourquoi je voulais t'en faire part. Je trouve que c'est un manque de professionnalisme.

Et il signe non sans humour : Monsieur Cipralex.

Pour comprendre le motif de son aimable récrimination, il faut savoir que le Cipralex est un antidépresseur.

Lorsqu'un patient arrive avec son ordonnance d'antidépresseurs devant moi, il n'a pas envie que tout le monde le sache, comme s'il venait de gagner un million au casino ou le prix Goncourt. C'est quasiment une maladie honteuse pour lui parce que c'est ainsi que la société voit ceux qui traversent un épisode dépressif.

Il lui a fallu le courage – et souvent des mois de tergiversations – pour avouer à son médecin qu'il ne se sentait pas bien, mais alors là vraiment pas, sinon pourquoi serait-il là? Et ça lui a peut-être pris des semaines avant d'aller chercher sa prescription, par peur d'être jugé. Ça prend du courage pour avouer sa vulnérabilité, et j'admire le courage de tous mes patients qui viennent tous les mois, malgré la honte non fondée et pourtant réelle d'avouer que ça ne va pas encore puisqu'ils renouvellent leur prescription de médicaments contre l'anxiété, la dépression, le mal de vivre, en somme.

Donc Monsieur Cipralex – comme tous ceux qui sont dans sa condition –, est gêné, mal à l'aise, triste, etc.

Mon employée, si elle avait été empathique (ou si j'avais mieux réussi à lui inculquer l'importance de cette attitude avec chaque client, et en tout temps), se serait mise à la place de Monsieur Cipralex, ce qui au fond est la définition la plus simple de l'empathie : se mettre à la place de l'autre, ou en tout cas tenter du mieux qu'on peut de le faire, car on n'y parvient jamais complètement.

Un proverbe bien connu (et forcément ancien puisqu'il parle en milles et non en kilomètres!) dit qu'il faut faire un mille dans les souliers de quelqu'un avant de le juger.

En pharmacie – et probablement dans tous les domaines –, mon employé doit le faire pour bien servir un client, et s'il ne le fait pas, il ne me sert à rien. Et même me nuit. Surtout avec un client comme Monsieur Cipralex.

Et soit dit en passant, ce ne serait pas mieux avec Monsieur Viagra, surtout s'il a juste 40 ans, et se donne des airs de tombeur alors que ce qui tombe surtout chez lui, et au pire des moments, c'est tu as deviné quoi!

Lorsque j'ai lu ce message de mon patient, je me suis tout de suite mise à sa place, et j'ai compris comment il avait pu se sentir.

Je ne me suis pas dit, comme on en a trop souvent le réflexe, la fâcheuse et ruineuse tendance en affaires (et dans un couple, c'est aussi peu rentable !) *c'est un con, c'est quoi son problème ? Il n'est pas capable de s'assumer ou quoi ? Il est dépressif, est-ce que c'est mon problème ?*

Non, je me suis dit : *il me rend service ! Il travaille pour moi. Et gratuitement, de surcroît ! Professeur involontaire et pourtant habile, il m'enseigne comment mieux le servir. Et si je n'en tire pas la leçon, si je n'enseigne pas cette leçon à mes employés, je perdrai un client.*

Et fort probablement – et c'est encore pire –, je perdrai plusieurs clients.

Car pour un client qui se plaint, il y en a probablement 10 qui n'osent pas le faire, car ils sont trop timides, n'ont pas le temps, ou encore, ulcérés, insatisfaits, ce qui est plus catastrophique, ils sont déjà rendus chez mon concurrent. Et Dieu sait que j'en ai, et Dieu sait que tu en as !

Un client, dans mon cas un patient, est précieux. Lorsqu'il se plaint, il me fait un cadeau.

Il travaille pour moi.

Gratuitement.

Orientaliste sans le savoir, il me donne une leçon de *kaizen* : c'est-à-dire comme je l'ai déjà dit ou à peu près, l'art ancien (et pourtant toujours infiniment actuel !) de s'améliorer.

Et d'améliorer mon ou mes entreprises.

Et c'est tout ce que je veux, car je veux être la meilleure dans mon domaine.

Et TOI aussi, j'espère !

Donc, j'ai pris très au sérieux la lettre de Monsieur Cipralex. Comme <u>tu devrais prendre très au sérieux toutes les lettres des « messieurs Cipralex » que tu reçois</u> : et je sais que tu en reçois. En tout cas, je t'en souhaite, car ce qu'ils t'écrivent spontanément, sans arrière-pensée, dans la frustration du moment, qui pour toi est bonne conseillère, si tu as le bon sens commercial de le décoder et d'en tirer les leçons pratiques pour améliorer ton business (produit ou service), peu importe lequel, ça vaut souvent bien plus que le rapport d'un spécialiste de Harvard qui t'aurait coûté les yeux de la tête, et ne serait peut-être pas aussi bon.

Pour quelle raison ?

<u>Il n'est pas ton client</u> !

Et… c'est le client qui a toujours raison.

Car c'est le client qui consomme ton produit, ton service.

C'est le client et lui seul qui, après usage, peut dire de ton produit ou service : WOW !

Mais il peut aussi dire : OUACHE !

Tu ne veux pas ça, crois-moi, car il ne le dira pas deux fois – en tout cas pas souvent.

En revanche, il le dira probablement à plusieurs de ses amis.

Le bouche-à-oreille est la meilleure forme de publicité.

Alors, si tu veux que le bouche-à-oreille soit bon pour toi, fais ce que dois !

Plus ton service, ton produit seront WOW – c’est-à-dire incroyable, satisfaisant, sans irritant – plus le bouche-à-oreille sera bon.

Le client a toujours raison.

Fais tout pour qu’il comprenne que… tu le comprends !

Et que tu tiens à lui, à sa clientèle, à sa fidélité.

Les Américains ont cette expression que j’aime bien :

I don’t need your business but I want it.

Je n’ai pas besoin de votre business, mais je le veux.

N’hésitez pas à dire à votre client ce que vous allez faire, mais aussi, comme on l’oublie souvent, ce que… vous avez fait pour lui.

Et dont il ne se rend pas toujours compte.

Ainsi l’autre jour j’ai reçu de Norton, la compagnie anti-virus pour mon ordi, un message.

Habituellement, les messages que je reçois d’eux sont des avertissements, de plus en plus urgents, de plus en plus terrifiants que si je ne renouvelle pas mon abonnement, je serai exposée à tous les virus de la Terre, même celui de la peur, et que même un politicien ou un témoin de Jéhovah me rendra personnelle-ment visite chez moi, et que je ne pourrai rien faire pour lui échapper !

Mais cette fois-ci, non, c’était autre chose qui m’a assez impressionnée.

Ça disait ceci : voici votre rapport mensuel.

«Nous avons procédé à 48 numérisations rapides, 3 analyses de *fichiers téléchargés*, nous avons nettoyé 25 691 dossiers et nous sommes parvenus à libérer 1,1 mégaoctet de mémoire.

Pourquoi ai-je été si impressionnée?

1. Parce que les chiffres sont précis (ils ne se sont pas vantés d'avoir <u>beaucoup</u> fait pour moi, ce qui ne veut rien dire, ou en tout cas qui est vague!)

2. Parce que les chiffres sont importants, surtout dans les deux cas suivants: 25 691 dossiers nettoyés, et 1,1 mégaoctet de mémoire libéré.

Je sais: ils font sans doute ça mois après mois, mais… JE NE LE SAVAIS PAS!

Je sais, ce sont sans doute de froids et astucieux experts de marketing qui leur ont suggéré cette stratégie, et je ne peux pas dire comment leurs autres clients ont réagi, mais ça me les rend quand même plus sympathiques, et la vérité est que ça me hérissera moins la prochaine fois que je recevrai leur avis de renouvellement.

Tu me suis?

Tu peux imiter cette astuce pour faire quelque chose de similaire dans ton business et fidéliser tes clients?

On dit que les cimetières sont remplis de gens qui se croyaient irremplaçables.

Bien, toi non plus tu n'es pas irremplaçable, ni ton produit ni ton service.

Alors, pense constamment à des manières de fidéliser tes clients !

Et SURTOUT, écoute-les quand ils se plaignent !

Le client qui se plaint, c'est tes yeux et tes oreilles.

***

LE CLIENT QUI SE PLAINT, C'EST TES YEUX ET TES OREILLES.

***

Surtout quand tu n'es pas là parce que tu as plus d'un commerce ou que tu es en vacances ou en réunion.

Et même quand tu es là, tu ne peux pas toujours tout voir et tout entendre. Tu aimerais bien, mais tu es juste un être humain.

Comme je t'ai dit – et je le répète, car c'est mon credo –, je suis dans l'action, alors non seulement j'ai écouté Monsieur Cipralex, mais je me suis donné la peine de lui rendre la politesse, de lui écrire pour le remercier, oui, REMERCIER (les gens le font si peu souvent, hélas, et ça fait tellement plaisir !) d'avoir pris la peine et le temps de m'écrire. Je lui ai aussi dit qu'il avait eu raison, oui, RAISON de le faire. (En passant, une autre chose que les gens font si peu souvent : dire à leur client ou à leur partenaire : « Tu as raison ! » et ça a souvent un effet magique.)

Je lui ai donné l'assurance (pas maladie, il l'a déjà!) que mon équipe ferait immédiatement le nécessaire pour corriger la situation, car ça manquait de professionnalisme. J'ai utilisé ses propres mots (manque de professionnalisme), ce qui est une forme subtile de politesse dans une discussion (la stratégie du miroir) et aussi une autre manière de dire à l'autre qu'il a raison, car on utilise ses propres mots : difficile pour lui de contester !

Lorsqu'un client vous fait un commentaire, ne faites pas semblant de l'écouter poliment. Comme font bien des gens, dans les affaires ou les affaires de cœur. Il a pris le temps de vous écrire ou de vous téléphoner comment il se sentait comme client dans votre entreprise. Il a fait une action concrète. Il aurait pu en parler à son voisin, à sa conjointe, et il l'a peut-être fait, mais il a posé un geste, il a agi : toi aussi agis !

Et aussi, n'oublie pas de te demander – ou en tout cas de te rappeler – ce qu'est vraiment un client…

14

Ce qu'est vraiment ton client

Un client est un individu (ou un individu travaillant pour une entreprise, ce qui revient quasiment au même) qui consomme ton produit ou ton service.

Mais il est avant toute chose, et reste toujours… un être humain !

Oui, un ÊTRE HUMAIN.

Avec des émotions, des besoins, des rêves.

Et si tu n'en tiens pas compte, il n'est plus ton client, mais simplement… un être humain.

Qui deviendra le client d'un autre.

J'ai observé que, pour une bonne partie de ma clientèle, se faire dire bonjour à l'entrée de la pharmacie était important, très important même. À telle enseigne que certains clients à qui des employés avaient négligé de le dire se sont plaints. Et comme je mentionnais plus tôt, pour un client qui se plaint, il y en a sûrement 10 qui le feraient s'ils en avaient le temps ou le courage.

Dire bonjour semble un détail, et pourtant, c'est important.

Ou dit autrement pour reprendre la boutade fameuse : Dieu réside dans les détails.

Dans le succès, <u>chaque</u> détail compte : et surtout dans le bonheur de ton client.

Chaque détail – ne le perds jamais de vue! – contribue à faire de la consommation de ton service ou de ton produit une expérience plaisante, avec le moins d'irritants possible.

Un exemple?

Certaines ordonnances demandent une plus longue préparation que d'autres.

La consigne est la suivante dans les pharmacies que j'avais à mes débuts et dans celles que j'ai encore : il faut expliquer la situation au patient et lui donner le choix, ce que les gens aiment toujours, car ce sont eux qui décident :

« Votre ordonnance est un peu plus longue à préparer, ça va prendre 15 minutes, voulez-vous patienter ou préférez-vous qu'on vous la livre ? »

La plupart des gens décident de rester, mais ils le font en connaissance de cause, si j'ose dire.

Ils savent à quoi s'attendre : ils savent qu'ils vont attendre !

Si on ne leur dit pas, ils seront généralement frustrés à moins d'être zen ou sur leur cellulaire : les gens sont toujours pressés – même les retraités qui en principe devraient avoir tout le temps du monde. Mais justement, ils ne l'ont pas.

Si on ne les prévient pas, ils protesteront :

«*Avoir su, je n'aurais pas attendu, je serais retourné à la maison.*»

C'est tout simplement… humain !

Tiens-en compte.

Vois dans ton client un être humain avant de voir en lui un client !

Aie de petites attentions pour lui comme si c'était ta mère, ton père, ton meilleur ami.

À ma première année en pharmacie, j'ai écrit à la main 200, oui, 200 cartes de Noël à nos meilleurs patients. Je dis à la main parce qu'elles étaient toutes personnalisées. Je rappelais aux patients (j'ai une excellente mémoire heureusement) leur première visite ou une anecdote. TOUS les employés ont aussi signé des mots personnalisés. Un peu fou, je sais. Pourtant… Tu ne peux même pas imaginer le nombre de clients qui sont venus nous remercier en personne ou nous ont téléphoné à la pharmacie. Certains avaient la larme à l'œil parce qu'ils étaient émus, d'autres, le sourire fendu jusqu'aux oreilles parce qu'ils étaient heureux. J'avais un patient que j'adorais, et qui avait 88 ans. Je lui avais dessiné un soleil en lui disant qu'il était mon soleil mensuel. Un jour, un an plus tard, il est venu me voir à la pharmacie et il a ouvert son vieux portefeuille noir. J'ai d'abord cru qu'il voulait me montrer une carte de crédit ou d'assurance maladie. Mais non, c'était mon «soleil» avec mon mot qu'il gardait toujours sur lui. J'étais si émue, je n'en revenais pas. De l'impact de ce petit message, de ce petit dessin.

Dans ma première pharmacie, à Noël, les clients nous apportaient souvent des cartes, on les étalait partout. On décorait nos murs des dessins que les enfants nous esquissaient.

L'été, un de nos patients nous offrait des roses chaque semaine ! Je n'aime pas les lieux froids, où tout est ordonné, à sa place, *clean* au coton. J'aime sentir la vie et les gens aiment également se sentir vivre. Alors dans cette pharmacie, il y avait des plantes partout, c'est là qu'on différencie les pouces verts des mains pleines de pouces ! On s'amusait. On était botanistes à nos heures.

Les lieux de travail sont une deuxième maison pour certains, ils doivent se sentir chez eux. Sois ouverte, sois vivante ! Ton entreprise doit respirer la vie : elle a une vie, en fait. La vie de tous tes clients et la vie de tous ceux qui y travaillent.

Sans oublier la tienne, car c'est souvent toi qui l'as mise au monde !

De petits détails, donc.

Des détails humains.

Qui comptent plus que tu penses.

En connais-tu la vraie raison ?

15

Pourquoi penser d'abord à l'humain?

Pourquoi dois-tu <u>toujours</u> te rappeler avec qui tu fais <u>vraiment</u> affaire?

Pour cette raison, du moins à mon humble avis de pharmacienne :

Le mal du siècle, ce n'est pas tant la dépression ou le cancer, même si l'un et l'autre font des ravages effroyables : le vrai mal du siècle, c'est... la solitude!

Oui, la S-O-L-I-T-U-D-E.

Une personne sur deux vit seule.

Et parmi les personnes âgées, surtout les femmes dont la longévité est supérieure à celle des hommes, la solitude est encore plus importante.

Donc, quand une personne entre dans ma pharmacie – et se fait accueillir avec un bonjour et un sourire, c'est peut-être bien plus important que tu penses.

Ton employé ou toi êtes peut-être les seules personnes dans la journée qui lui ont dit et lui diront bonjour, et lui souriront, et… l'écouteront, et s'occuperont d'elle.

En plus, cette personne entre souvent chez moi avec une préoccupation : celle de sa santé, son bien le plus précieux, qui est sans doute menacé.

Ou alors elle entre parce que son enfant est malade : et si tu as des enfants, tu sais que rien n'est plus angoissant que ça, un enfant malade, même si c'est juste un mal bénin.

Il y a trois phrases que j'apprenais aux employés et que nous répétions en boucle pour démontrer notre empathie aux clients. C'est une sorte de mode d'emploi obligatoire. Je voulais qu'elles soient dites avec sincérité aussi.

1. J'écoute.

2. Je comprends (ou du moins tente de comprendre en me mettant à la place de l'autre).

3. J'agis.

Avec le client, ce *modus operandi* se traduisait ainsi, également en trois points :

1. Je vous comprends.

2. Pas de problème !

3. Je m'occupe de vous, je vais vous arranger ça. (ACTION !)

Simple, non ?

Je te fais ces remarques, pas simplement par pur marketing, mais pour que tu puisses fidéliser ta clientèle, pour que tu réalises que tu peux jouer un rôle bien plus grand, bien plus important dans ta vie, et même si tu ne travailles pas en pharmacie, évidemment : cette personne à qui tu souris, que tu écoutes, souffre peut-être d'une immense solitude, d'un profond désespoir : sans le savoir, par un sourire, un bon mot, une attention, une écoute attentive, tu es peut-être en train de lui donner l'envie de se rendre jusqu'au lendemain, et sans toi, elle aurait peut-être dit adieu à la vie.

Penses-y !

Dans son ouvrage dont je te recommande fortement la lecture, *Comment se faire des amis et influencer les autres* (je l'ai fait dans mon livre précédent, je sais, mais la répétition est l'âme de la publicité !), Dale Carnegie rappelle cette grande vérité psychologique : les êtres humains, une fois leurs besoins essentiels assurés (nourriture, logement, sécurité) veulent surtout une chose, la veulent tout le temps, de leur enfance à leur vieillesse, sauf s'ils sont des sages qui, étant parfaitement heureux, n'attendent rien de personne : ils veulent sentir qu'ils existent aux yeux des autres, qu'ils sont <u>utiles</u>, <u>importants</u>, <u>appréciés</u>, <u>reconnus.</u>

Quand tu travailles avec le public, tu travailles avec des êtres humains, donc avec leurs soucis, leur détresse, leurs rêves. Tu peux les aider par ton produit, ton service, mais tu peux les aider encore bien plus, en leur donnant de la valeur, et par la même occasion un sens à leur vie.

À la fin de ta vie, ça vaut peut-être plus que tous les millions que tu auras accumulés !

16

Pense aux enfants !

Dans le grand best-seller *What they don't teach you at Harvard Business School* (*Ce qu'ils ne vous enseignent pas à la Harvard Business School*) Mark H. McCormarck, qui a fondé, avec 1000 $ et une poignée de main, la IMG (International Management Group) qui représente de grandes vedettes sportives à travers le monde, écrit (c'est moi qui traduis) : « Parfois, les gestes les plus impressionnants sont indirects. Lorsque mon fils Todd était à l'école primaire, il était fanatique de football. Un de mes partenaires d'affaires lui permit de rencontrer Fran Tarkenton, quart-arrière vedette des Vikings de Minnesota. Mon fils était ravi – et moi je n'ai jamais oublié ce petit geste. »

Le fondateur de cette société, qui compte des bureaux dans des dizaines de villes à travers le monde, conclut de la sorte : « S'il y a un client que vous voulez impressionner, faites quelque chose pour ses enfants. Ça va avoir beaucoup plus de signification pour lui que n'importe quoi d'autre que vous pourriez faire. »

On dirait que Ray Kroc, le fondateur de McDonald's, a écouté et suivi ce conseil à merveille.

Il a compris que la fidélisation (le fait qu'il adopte ton produit ou service pendant une longue période, idéalement toute sa vie) se fait souvent vers l'âge de 4 ou 5 ans.

La principale cible de McDonald's, c'est les jeunes et les enfants. Les repas Joyeux festin^{MD} (*Happy Meals*) s'adressent directement aux enfants et ils représentent d'ailleurs 20 % des repas vendus par la chaîne !

Si les enfants aiment, ils entraînent forcément leurs parents au McDo, et une fois devenus eux-mêmes parents, ils y emmènent à leur tour leurs enfants.

En fait, et la chose est peu connue, mais McDonald's est non seulement la première chaîne de fast-food au monde, mais est également… le premier distributeur de jouets, grâce aux menus Joyeux festin !

La preuve est dans le pudding, je veux dire dans le hamburger.

On peut remettre en question la valeur nutritive de ces repas. Je ne le conteste pas. Ce que je voulais illustrer, c'est seulement à quel point les grandes entreprises concentrent d'efforts de marketing vers les enfants.

Je le faisais un peu à ma manière : il y avait dans mon bureau une section réservée uniquement aux enfants où ils trouvaient jouets et albums à colorier.

Le temps d'attente (même bref, car on insiste sur la rapidité du service) des parents devenait une expérience moins contrariante.

En réalité, la pharmacie ne devenait pas seulement un lieu d'achat, ça devenait une expérience.

Les clients avaient une émotion, une surprise, parce que mes pharmacies sont uniques. Une mère m'a fait un jour le plus beau commentaire du monde: «Eliane, est-ce que tu sais que tu as créé un monstre? Tu as fait de la pharmacie une activité familiale. Pas moyen de passer devant sans que les enfants veuillent y arrêter!»

Ne devrais-tu pas faire en sorte que ton commerce, ou même ton service puisse te valoir pareille observation?

Pense aux enfants!

Voici d'autres exemples utiles:

Exemple 1

J'ai récemment prononcé une allocution devant des femmes du groupe Tupperware, une compagnie qui, soit dit en passant, me fait penser un peu à Mary Kay Ash, et que j'admire et affectionne, car elle rend d'innombrables femmes autonomes financièrement, et par conséquent plus heureuses, car elles sont plus libres. Et qui peut se prétendre heureux s'il n'est pas libre?

Je leur ai entre autres parlé de l'importance de «penser aux enfants». Comme une anecdote (du moins si elle est bonne!) a des vertus éducatives difficilement égalables, je leur ai raconté l'histoire suivante:

«Lorsque j'avais 4 ou 5 ans, une de nos voisines a invité ma mère à une présentation Tupperware. Mon père, prévisible à souhait, travaillait en pharmacie. Ma mère qui hésitait toujours à me faire garder a obtenu que je l'accompagne.

Cette précoce exposition aux produits Tupperware a fait de moi une inconditionnelle pour le reste de ma vie. Pourquoi?

Dans les accessoires de cuisine présentés – et ce, même si c'était une soirée « pour adultes seulement » –, il y en avait beaucoup pour enfants. Alors, je me suis sentie tout de suite concernée et j'ai voulu en acheter. D'autant plus qu'il ne m'avait fallu que quelques secondes pour comprendre que, lorsque tu achetais, tu recevais des cadeaux! La présentatrice m'en avait d'ailleurs remis un dès le départ: un petit aimant pour mettre sur le frigo que j'ai conservé très longtemps. Ce soir-là, Tupperware venait de faire une affaire en or avec moi. D'une part, ma mère a acheté les mignons petits pots en plastique qui avaient attiré mon attention. Et d'autre part, je n'ai jamais acheté autre chose depuis pour ma cuisine. J'avais 5 ans et on venait de me fidéliser pour la vie.

Leçon à retenir: pour toutes celles qui font des démonstrations, n'hésitez pas à faire des présentations familiales, ça vaut peut-être plus la peine que vous pensez.

Lors de cette soirée, je leur ai aussi donné un truc. Quand elle demandait à une cliente d'organiser une présentation, une dame me disait qu'elle lui répondait souvent qu'elle n'avait pas de temps. Je leur ai dit: « Lorsqu'on vous donne cette réponse, soyez à l'écoute. Demandez-leur si vous pouvez l'organiser à leur place, en leur fournissant la liste de leurs amis tout simplement.» Personne n'avait jamais pensé à ça. Il suffit en somme d'écouter les clients et de satisfaire leurs besoins.

P.-S. *DERRIÈRE CHAQUE GRAND HOMME, IL Y A UNE FEMME*

En 1946, Earl Tupper, ingénieur chimiste de profession, crée ses premiers bols hermétiques en polyéthylène, une absolue nouveauté à l'époque. Mais les ventes stagnent dans les quincailleries et les magasins : personne ne comprend – ou ne devine – les vertus révolutionnaires de ces récipients.

La raison en est fort simple : personne n'avait pris le temps d'expliquer et de démontrer aux clientes potentielles tous les avantages.

Issu d'une famille pauvre de fermiers du Massachusetts, Earl Tupper est amèrement déçu : il croit pourtant que son invention est utile et géniale et, surtout, il s'était promis d'être millionnaire à 30 ans. Tiens, tiens, tiens, ça me rappelle quelqu'un, ça !

Dans notre équation habituelle : 1+1=2 $, nous avons le 1 : un produit utile, nouveau et pas cher (trois qualités formidables) qui peut rendre de grands services.

Mais il manque le 1 suivant !

Il (ou plutôt) elle entre en scène : elle s'appelle Brownie Wise.

Native de Géorgie, ses parents divorcent lorsqu'elle est très jeune. Suivant le (triste) exemple de sa mère, elle se marie et devient, à 27 ans, une jeune divorcée monoparentale, travaille comme secrétaire, un poste qui ne la comble pas, beaucoup s'en faudrait. Mais elle continue de croire en sa bonne étoile : puits de détermination, elle écrit à l'époque dans son journal intime : « Je veux être un être humain qui réussit. »

Un jour, le destin frappe à sa porte, de manière inattendue et déguisée, comme il arrive si souvent (tu dois avoir le sixième sens de voir comment le destin s'y prend, car il aime jouer des tours, poser des devinettes.)

Un vendeur porte-à-porte de Stanley Home Products lui fait une présentation si lamentable de produits à nettoyer qu'elle se dit : *Je peux faire mieux* !

Elle y décroche rapidement un job à temps partiel et découvre un nouveau modèle de vente à l'époque : les « parties de cuisine » ! Rapidement, elle fait tant d'argent qu'elle peut quitter son emploi de secrétaire.

Elle se fait rapidement remarquer dans l'entreprise, rêve de gravir tous les échelons du management, mais on la prévient : elle ne fera jamais partie de la haute direction. Boys Club oblige : ce n'est pas une place pour une femme, aussi brillante soit-elle !

Furieuse, elle jure qu'elle aura un jour sa revanche : un autre hasard heureux lui fait découvrir les contenants Tupperware, qui dormaient sur les tablettes des magasins.

Elle commence aussitôt à faire les parties de cuisine qu'elle avait appris à organiser dans l'autre compagnie (sorte de *spin-off*) : la révolution Tupperware commença ainsi.

1+1=2 $

1 :   bon produit aux avantages inconnus et sans équivalent sur le marché, mais vendu de la mauvaise manière.

+

1 :   une vendeuse exceptionnelle avec la bonne manière de vendre ledit produit.

=2 $: des ventes de plusieurs millions de dollars, rendant riches des centaines de milliers de femmes à travers le monde, leur conférant une liberté nouvelle et un statut nouveau.

P.P.-S. Détail amusant : la première gamme de 14 produits de Tupperware avait été baptisée par son inventeur (une véritable autoprophétie, si tu y penses*!) Millionaire line* !

J'aime !

Exemple 2 (avec un enfant devenu ado)

L'homme de ma vie, et aussi mon fan numéro 1, est courtier immobilier (pour Remax) en fait le numéro 1 au Québec sur la Rive-Sud et certainement bientôt numéro 1 au Québec : il veut devenir leur vendeur n° 1 au monde, et je trouve cette folie sympathique et « raisonnable ». Et son succès est vertigineux : j'aime et je trouve ça pratique, car il a tant de succès que mon succès ne lui porte pas ombrage : au contraire, il l'excite. Constamment. Bon, je n'entrerai pas dans les détails, on en aurait pour toute la… soirée !

Il y a quelques mois, il s'est vu confier le mandat de vendre une maison : or, les propriétaires avaient rencontré, avant d'arrêter leur choix sur lui, cinq autres courtiers. Curieux, il leur a demandé ce qui expliquait cette sympathique préférence. Moi, je pense tout simplement et en toute « objectivité » qu'il était le meilleur et le plus beau. LOL.

Les propriétaires de la maison lui ont alors expliqué : « C'est simple, tu vois Antoine, notre fils de 14 ans (il était affalé sur un sofa), et bien tu es le seul qui lui a porté attention et lui a parlé lorsque tu es venu ici. Antoine est un maniaque d'immobilier, et pour nous, ses parents, c'est à lui que revenait le choix de notre courtier. Alors il t'a choisi. »

1+1=2 $

1 :   désir d'obtenir un mandat ou un contrat.

+

1 :   ingrédient secret, dans ce cas-ci avoir pensé aux enfants ou à leur prolongement : un adolescent.

=2 $: mandat ou contrat obtenu.

Bingo !

CQFD

Comme en géométrie : Ce Qu'il Fallait Démontrer !

Un enfant, un adolescent, c'est un futur adulte qui un jour aura des sous et contribuera à ton succès.

Une habitude de consommation se crée très tôt dans la vie. Il ne faut jamais négliger aucun client, peu importe son (jeune) âge. Chaque client est important.

17

Fais-toi connaître !

Dans *Estée*, sa fascinante et instructive autobiographie, la grande Estée Lauder écrit (c'est moi qui traduis)

« Le grand secret de mon succès : une femme ne sortait jamais de mon magasin les mains vides. Je n'avais pas de département de publicité. Je n'avais pas de *copywriter*, mais j'avais mon intuition féminine (c'est moi qui souligne). Je savais seulement, même si je n'avais pas donné de nom à la technique, qu'un cadeau avec un achat serait fort attrayant. À cette époque, je donnais même un cadeau sans achat. L'idée était de convaincre une femme d'essayer un produit. L'ayant essayé à sa convenance à la maison, et voyant à quel point il lui donnait une apparence fraîche et adorable, elle nous serait fidèle pour toujours. De cela, je n'ai jamais douté. »

Et un peu plus loin, elle ajoute :

« La plupart des bonnes idées brillent par leur simplicité, à telle enseigne que tout le monde se demande comment il se fait qu'il ne l'ait pas fait avant. »

À la vérité, Estée Lauder fut la première à donner des échantillons. C'était révolutionnaire à son époque. Elle innovait, comme elle innova en étant la première à mettre en vente une gamme de produits pour hommes.

Pourquoi ne pas l'imiter ?

Pourquoi ne pas donner des échantillons gratuits de ce que tu fabriques ?

Tu n'as pas d'échantillons à donner ? Propose des « échantillons » de tes services, fais-les essayer gratuitement à tes clients potentiels !

Fais-toi connaître !

Pose-toi la question suivante : *pourquoi es-tu allée voir tel film, pourquoi as-tu tel livre ?*

Pour une des deux raisons suivantes (à moins bien entendu que tu étudies en cinéma ou en littérature, auquel cas tu n'as pas eu le choix de tes divertissements) :

1.   Quelqu'un t'a parlé du film ou du livre : bouche-à-oreille, médias sociaux comme Facebook, Twitter, etc.

2.   Tu as vu ou entendu une pub…

La publicité, du moins dans les journaux et à la télé, c'est cher, en tout cas quand tu débutes – et même après.

Alors, trouve d'autres manières de te faire connaître!

Tu ne peux te permettre de la pub à la télé, à la radio?

Tente de t'y faire inviter!

Donne des conférences gratuites où tu exposes ton expertise!

Fais un blogue, une lettre d'information où tu parles avec passion de ce que tu fais et où tu donnes des conseils pratiques et… gratuits!

Les usagers voudront en savoir plus, et deviendront éventuellement des clients.

Organise des soirées «Tupperware» avec ton «récipient révolutionnaire» à toi!

Pour te faire connaître… connais des gens!

Élargis constamment ton cercle d'amis (et pas juste sur Facebook, évidemment, mais c'est aussi fort utile!), de connaissances, de contacts!

Tu veux qu'on te reconnaisse?

Montre-toi la face!

Va dans les salons d'affaires, les cocktails, les soupers-bénéfice! Deviens membre d'une ou de plusieurs chambres de commerce!

Fais-toi connaître!

Dans *Le Succès selon Jack*, publié aux éditions Un monde différent, Jack Canfield donne un des ingrédients essentiels du succès phénoménal de *Bouillon de poulet pour l'âme*.

En passant, il n'a rien à voir avec le livre : le livre <u>était</u> excellent, touchait une corde sensible même si des dizaines d'éditeurs l'ont refusé, ce qui du reste a permis à Jack Canfield de faire beaucoup plus de fric : donc un bonheur déguisé.

Mais personne ne savait qu'il était excellent !

Alors, comme dans bien des cas – comme dans les récipients Tupperware –, ce n'était pas un succès : le premier tome de la série ne se vendait pas.

Avec son coauteur, Jack Canfield a alors adopté une stratégie simple, mais efficace : faire chaque jour 5 actions pour tenter de faire connaître leur livre.

OUI, 5 ACTIONS !

ACTION, joli mot, non ?

Pourquoi ne pas t'inspirer de cette stratégie, faire chaque jour 5 ACTIONS pour te faire connaître ?

Si tu trouves que c'est trop, fais-en au moins 5 par semaine !

Mais fais quelque chose !

Le succès arrive rarement tout cuit dans la bouche : il faut passer un peu et parfois beaucoup de temps aux fourneaux !

En fait, on en revient à la fameuse équation :

$$1+1=2\ \$$$

1 :   un bon livre mais qui ne se vend pas.

+

1 :   5 actions par jour pour stimuler les ventes.

=2 $:   succès phénoménal en librairie, soit 500 millions de livres vendus à travers le monde pour la série qui a suivi ce premier succès!

Fais-toi connaître!

P.-S. Fais-toi connaître certes, mais – et c'est vraiment important –, fais-toi connaître pour le service, le produit que tu vends, les <u>valeurs</u> que tu défends, en somme pour <u>ce que tu es vraiment</u>.

Il y aurait des pages et des pages à écrire là-dessus, mais je veux juste te donner un exemple. Au printemps dernier, mon admirable et hyper talentueuse amie Christine Michaud s'est fait offrir un fort lucratif contrat d'animation à la radio pour l'été. L'été est pour elle une saison assez tranquille, si on excepte… le prochain livre qu'elle est en train de pondre, si on excepte… tous ses voyages autour du monde, si on excepte… les séminaires qu'elle s'offre avec Deepak Chopra, et tous les grands de ce monde… de développement spirituel!

Mais elle a pourtant refusé. C'était à ses yeux (clairs et éclairés) trop «affaires publiques», trop éloigné de sa mission de vie qui est d'enseigner aux gens l'art pas si facile, et pourtant si recherché, d'être heureux en réalisant leur plein potentiel et en vivant leurs rêves. Donc elle a dit non. Comme il faut parfois avoir le courage de le dire même à ceux qu'on aime. Sage et merveilleusement concise, elle a résumé sa décision : ce n'est pas mon *branding*.

Branding en français ça veut dire grosso modo : marque de commerce.

Toi, c'est quoi ton *branding* ?

Il est important que tu le saches.

C'est la seule manière de le créer, de le développer et de le protéger.

Et c'est la meilleure façon d'éviter de « mélanger » tes clients : un client mélangé va voir ailleurs !

Tu ne veux surtout pas ça : tu veux le garder pour la vie !

18

Deviens philanthrope avant la lettre !

Un philanthrope, par définition, c'est quelqu'un qui aime l'humanité.

C'est aussi, en général quelqu'un de fortuné qui fait des dons.

Des exemples – célèbres – du passé ?

⇒ Andrew Carnegie, qui décéda en 1919 (le Carnegie Hall à New York est son don le plus connu), donna 350 millions (l'équivalent de 7 milliards en dollars d'aujourd'hui), de son vivant, soit environ 90 % de sa fortune et encouragea les autres millionnaires de son époque à l'imiter, comme fait Bill Gates aujourd'hui.

⇒ John D. Rockefeller, 540 millions de dollars : environ 11 milliards en dollars d'aujourd'hui.

Des exemples à notre époque :

⇒ <u>Ted Turner</u> (fondateur, entre autres choses, de CNN) a donné 1 milliard aux Nations unies.

⇒ Bill Gates et son ami Warren Buffett (deux des hommes les plus riches au monde), ont donné et continuent de donner des milliards.

⇒ Ophrah a donné plus de 400 millions de dollars.

⇒ Michael Jackson a donné 350 millions, la quasi-totalité de sa fortune…

Des exemples plus près de chez nous :

⇒ La famille Desmarais, André Chagnon, Jean Coutu, la famille Péladeau, la famille Bombardier, la famille Bronfman, etc.

La liste bien sûr pourrait s'allonger infiniment.

Et tu me diras que, comme tu débutes, tu n'as pas de millions à donner. Ni même 1000 $, car tu as besoin de chaque dollar pour démarrer ton affaire.

Mais il y a autre chose que tu peux donner, et qui vaut beaucoup.

Je te fournis un indice. On dit souvent : « Le temps, c'est de l'argent. »

Donc donne de ton temps !

Donner a des effets magiques et souvent surprenants, non seulement sur la personne ou l'organisme qui bénéficie de ta générosité, mais aussi… sur toi.

Oui, sur TOI!

La bonté rend heureux au moins deux personnes: celle qui la reçoit, celle qui la donne.

Et je crois même, sans pouvoir te le prouver par a + b (ou 1+1=2, me suggéreras-tu pour me taquiner et user de mes tics rhétoriques!) que la bonté préserve mystérieusement ta santé.

En plus, c'est comme si tu faisais une répétition générale pour te préparer à donner plus tard, non seulement ton temps mais… ton argent!

Parce que ta générosité t'aura enrichie.

Moi, malgré mon jeune âge, je fais déjà les deux, à ma modeste mesure.

Même si une de mes activités importantes est d'aider les entrepreneures à atteindre l'excellence et à faire de plus grands bénéfices, et à leur facturer pour ça, je le fais aussi bénévolement, et ce, sur une base régulière.

Et j'aide les arts, car ça me tient à cœur: une société sans artistes est une société triste.

Je donne aussi mon temps en tant que membre du CA de la fondation de l'Accueil Bonneau puisque des conseils pour une entreprise sont les mêmes que pour une fondation.

Je suis également la présidente d'honneur de la campagne de financement pour ANEB Québec (Anorexie et boulimie Québec) et j'y donne de mon temps et de l'argent.

En donnant – de ton temps ou de ton argent même modestement –, tu crées une sorte de moule dans l'univers.

Un moule qui sera prêt à t'accueillir comme philanthrope, alors que tu seras devenue vraiment riche et que tu en auras les véritables moyens.

D'abord philanthrope avant la lettre, tu deviens bien vite philanthrope, je n'ose pas dire véritable, épithète fautive qui me venait d'abord à l'esprit.

Car tu es <u>déjà</u> philanthrope : rappelle-toi la définition initiale : un philanthrope est quelqu'un qui aime l'humanité.

Plus tu donnes, plus tu reçois.

Tu as déjà rencontré l'Apothicaire de Dieu.

Il y a aussi, je crois, un Comptable de Dieu.

19

Tiens-toi avec les bonnes personnes !

Lorsque j'ai paraphé l'achat de ma cinquième entreprise, un de mes amis « Standards » (eh oui, je ne suis pas snob, j'ai aussi des amis Standards : je ne perds pas l'espoir de les convertir un jour en… « non Standards » !) à qui je venais d'annoncer la nouvelle, m'a reprochée – pour un peu, il m'aurait engueulée : « Eliane, ça fait beaucoup, cinq entreprises, non ? Tu n'as pas peur que ça fasse trop ? »

Il venait de prononcer le mot dont je n'ai jamais vraiment compris le sens : PEUR.

Bien entendu, j'en comprends le sens, mais pour moi, la définition de ce sentiment hélas trop répandu est la suivante : la peur est tout ce qui t'empêche de passer à l'action.

———— ✧ ————

La peur est tout ce qui t'empêche de passer à l'action.

———— ✧ ————

Pourtant, toujours infiniment curieuse de la nature humaine, et, puisque je suis pharmacienne, des maux de l'esprit qui donnent au corps tant de maux, je me demandais pourquoi il me posait cette question.

En fait, je connaissais déjà la réponse.

Comme on connaît la réponse de presque toutes nos questions si on écoute son cœur ou son intuition ou son expérience, c'est selon : il était un Standard, quelqu'un qui ne prend jamais de risque même s'il en prend un sans le savoir : celui de mourir d'ennui et de croupir dans une vie qu'il n'aime pas !

Peur de quoi ? avais-je envie de lui demander.

De faire une crise de nerfs, d'angoisse ?

De ne voir aucun client franchir ma porte ?

De voir tous mes employés me remettre leur démission en bloc ?

Pire encore de faire faillite ?

Et honteuse, me sentant stupide d'avoir été aussi audacieuse – acheter une cinquième entreprise puis en plus écrire un livre alors que je suis jeune et blonde! –, je devrais toutes affaires cessantes consulter un psy ou Jean Coutu qui, sauf erreur, a eu la folle audace d'acquérir plus de cinq pharmacies, plutôt des milliers en fait!

Corrige-moi, si j'ai tort!

Je te donne cet exemple, parce que, si tu te tiens constamment avec des gens comme cet ami, et que tu écoutes ce qu'ils te disent, et que tu les imites, eh bien, désolée de te l'apprendre – mais il faut quelqu'un qui te dise les vraies choses –, tu ne deviendras jamais une jeune millionnaire, et tu ne réaliseras jamais tes rêves.

La peur n'est bien souvent qu'une invention – fausse et pourtant pour toi vraie, et donc pernicieuse et ruineuse – de ton cerveau.

Comme la pensée du succès en est une.

Mais bienfaisante et enrichissante!

Ce qui est peut-être la meilleure nouvelle depuis le début de l'humanité, égale en valeur à celle annoncée par Socrate, et tout aussi merveilleusement optimiste: «L'homme est un être qui peut s'améliorer.»

Alors imagine les possibilités infinies d'une femme ambitieuse!

Dans mon livre à moi, ça veut dire qu'il peut passer de Standard à être libre: et, souvent, par (merveilleuse) voie de conséquence, d'homme qui en arrache à homme qui sent les roses chaque matin, car il est indépendant de fortune!

Comme disait Henry Ford ou à peu près, car je le cite de mémoire : « Si tu crois que tu vas échouer, si tu crois que tu vas réussir : tu as raison dans les deux cas. »

C'est presque aussi simple que ça, au fond, malgré les quelques nuances que j'ai tenté d'apporter tout au long de ce petit traité du succès au féminin.

Finalement, à mon ami qui m'avait demandé si j'avais peur, au lieu de lui répondre tout de suite, j'ai pensé qu'une image valait mille mots. J'ai pris commodément mon cellulaire et je lui ai montré quelque chose qui m'avait amusée, étonnée et motivée, et qui a aussi amusé, étonné et motivé l'homme de ma vie – tu comprendras vite pourquoi : c'est un audacieux projet immobilier à Monaco, la Tour Odéon (*google-la* si tu veux faire exploser tes limites mentales, ce qui est une des meilleures médecines quand on démarre en affaires et qu'on veut se débarrasser de son carcan de Standard).

Audacieux, parce que le *penthouse* de 3300 mètres carrés se vend 300 000 000 d'euros !

Oui, 300 millions d'euros !

Soit plus de 400 000 000 $ canadiens !

Plus « modestes » et « abordables », les appartements des étages inférieurs (dont 8 déjà ont été vendus sur plan), s'emportent pour la bagatelle de 55 000 à 70 000 euros… le mètre carré !

« *Location, location, location* ! (emplacement, emplacement, emplacement !)s'est exclamé mon amoureux quand il a vu ça, car c'est la fameuse boutade pour définir ce qui explique les « trois » choses les plus importantes en immobilier.

Chose certaine, ces promoteurs entreprenants de la Tour Odéon n'auraient certainement pas eu peur d'acheter une cinquième pharmacie de 2 ou 3 millions, qui permet à peine de s'offrir 15 ou 20 mètres carrés de leur magnifique (et audacieux – et rentable!) projet, surtout que ce ne sont que de vulgaires dollars canadiens!

Comme dirait Albert Einstein, tout est relatif.

OUI, TOUT EST RELATIF!

Donc, définis la grandeur ou la petitesse du «parc d'attractions» dans lequel tu veux jouer et passer le reste de ta vie, pense et surtout AGIS en conséquence!

Alors quand tu vois petit, rends-toi compte que tu n'impressionnes ou ne convaincs personne sauf, hélas, ceux qui pensent aussi petit ou encore plus petit que toi!

Quand tu vois petit, aie au moins, je ne dis pas la grandeur d'esprit, mais l'ouverture d'esprit (qui soit dit en passant conduit à la fin à sa grandeur, il n'y a pas d'autre chemin!) de voir que d'autres peuvent voir grand. Et le font. Et vivent leurs rêves. Et par conséquent s'enrichissent.

Alors efforce-toi, mieux encore amuse-toi à faire éclater tes limites mentales et tiens-toi de préférence avec des gens qui pensent grand.

Non seulement qui pensent grand, mais qui pensent encore plus grand que toi: c'est contagieux, tu verras!

Sky is the limit!

Comme mon ami Standard était éberlué par ma réponse, et surtout par les prix des condos monégasques, j'ai ajouté, soulevant un voile de mon âme en espérant enlever le voile qui lui cache les choses amusantes de la vie :

« J'aime le risque, les défis nouveaux. Je carbure à l'adrénaline. »

Il a objecté, banalement, comme tous ceux qui ne croient pas en eux et n'ont jamais de succès :

« Mais si ça ne marche pas ? »

J'ai pris trois secondes et demie pour réfléchir et j'ai dit : « Personne n'a de boule de cristal. Personne ne connaît l'avenir. Sinon ce serait trop facile : tout le monde serait riche. Mais tu sais quoi, c'est mieux ainsi. C'est plus excitant. C'est l'inconnu, la nouveauté, et en fait la beauté de la Vie. Si tu n'essaies pas un truc, tu ne sauras jamais si tu avais raison ou pas, si ton idée était géniale ou pas, et le doute, ça peut tuer quelqu'un aussi sûrement que du poison. »

J'aurais pu m'exprimer en italien ou en araméen que ça aurait eu le même résultat : pour lui, ça restait du chinois !

J'ai pensé comme malgré moi à la célèbre allégorie de la caverne de Platon, dont je parle souvent dans mes conférences. Je t'en rappelle les grandes lignes, en la résumant à l'extrême, car elle est longuette (du moins selon les critères de notre époque) et sous forme de dialogues :

Dans la caverne vivent depuis leur enfance des prisonniers enchaînés (les Standards). (Les mots soulignés et les parenthèses sont de moi, tu t'en doutes !)

Leur idée de la réalité, leur certitude absolue de ce qu'est et a toujours été, et sera toujours le monde, ce sont des ombres. Des ombres qu'ils peuvent apercevoir sur un mur à l'extérieur de la caverne.

Maintenant, suppose qu'un des prisonniers, par chance ou par révolte ou par intuition (féminine ou pas), pensant qu'il y a autre chose dans la vie, se libère de ses chaînes et parvienne à sortir de la caverne, devenant par la même occasion un… non Standard… puisqu'il est différent de tous les autres!

Enfin libre, le regard étonné et sans doute aveuglé au début par la lumière éblouissante du soleil, il verra la véritable réalité, sera forcément excité, «millionnaire» d'idées nouvelles, de projets exaltants: comme simplement de s'éloigner de la caverne de son enfance, d'explorer le vaste monde, de s'éclater, de s'amuser, de faire fortune.

Maintenant, imagine qu'il retourne dans la sombre caverne de son enfance et de ses idées fausses – si du moins il en a l'envie –, pour annoncer noblement la bonne nouvelle à ses amis prisonniers, qui ont toujours pris des ombres pour la réalité: que lui dira-t-on?

Sans doute qu'il est un fou, un rêveur!

Il n'aura d'autres choix que de ressortir de la caverne et de… se faire de nouveaux amis!

De retour à la maison, ce soir-là, j'ai éprouvé des regrets – chose rare chez moi, car je suis toujours dans l'action.

Je me suis dit: *j'aurais dû insister, prendre le temps (qu'on devrait toujours prendre avec ceux qu'on aime), d'expliquer à mon ami Standard que ce n'est pas parce que ses parents ont été toute leur vie de petits fonctionnaires que lui ne peut faire autre chose.* Je n'ai rien, mais alors là vraiment rien contre les fonctionnaires, petits ou pas: sauf quand ils me font chier par les délais interminables et les innombrables formules à remplir! Mais mon ami Standard avait «scoré» 140 à un test d'intelligence et faisait d'ailleurs partie de la société Mensa, réservée aux gens les plus intelligents du monde. Ce qui en passant ne montre qu'une chose : même si tu es hyper intelligent, si tu manques de confiance en toi, ou de couilles (et je connais bien des femmes qui en ont plus que des hommes !), c'est comme si tu avais 10 millions de dollars dans un coffre-fort dans ta maison, mais tu n'en as pas la combinaison, donc par ignorance tu continues d'en arracher, de croire et de vivre en pauvre.

Cet ami est brillant, forcément, mais ses parents (et donc ses premiers professeurs de philosophie) lui ont inculqué leur vision du monde et comme ils ont peur de leur ombre (heureusement qu'ils ne vivent pas dans la caverne de Platon !) il a lui aussi peur de la sienne : c'est sa normalité, sa réalité.

Finalement, comme je ne pouvais me résoudre à cet échec humain, qui pour moi consiste à ne pas avoir <u>tout</u> fait pour aider quelqu'un, surtout un ami, Standard ou pas, j'ai cherché une idée. Que j'ai trouvée. J'ai envoyé à mon ami un courriel, un texte. Pas de moi mais de Steve Jobs. Pas un trop mauvais choix ! (je te conseille sa biographie, en passant) : Le voici :

« Je suis convaincu que c'est mon amour pour ce que je faisais qui m'a permis de continuer. Il faut savoir découvrir ce que l'on aime et qui l'on aime. Le travail occupe une grande partie de l'existence, et la seule manière d'être pleinement satisfait est d'apprécier ce que l'on fait. (C'est moi qui soulignais à l'intention de mon ami Standard) Sinon, continuez à chercher. (Comme mon ami Standard devrait faire.) Ne baissez pas les bras ! C'est comme en amour, vous saurez quand vous aurez trouvé. Et toute relation réussie s'améliore avec le temps. Alors, continuez à chercher jusqu'à ce que vous trouviez.

« <u>Votre temps est limité, ne le gâchez pas en menant une existence qui n'est pas la vôtre</u>. Ne soyez pas prisonnier (comme les prisonniers de la caverne platonicienne !) des dogmes qui obligent à vivre en obéissant à la pensée d'autrui. (Voilà, en somme, une autre définition d'un Standard!) Ne laissez pas le brouhaha extérieur étouffer votre voix intérieure. <u>Ayez le courage de suivre votre cœur et votre intuition</u>! L'un et l'autre savent ce que vous voulez réellement devenir. Le reste est secondaire.»

Dix minutes après, mon ami m'a rappelé: il pleurait.

Je lui ai demandé pourquoi.

Il lui a fallu des efforts infinis pour m'expliquer:

«Je… j'ai enfin compris ce que tu voulais me dire, je… Ça fait cinq ans que je déteste mon travail… (nouveaux sanglots), j'ai une occasion de me lancer dans une compagnie de sécurité: j'ai décidé que je le faisais.

— Sécuritaire, ce genre de compagnies», ai-je plaisanté.

Il ne l'a pas saisi, je crois.

«Merci, Eliane! Si je ne t'avais pas je crois que j'aurais fini par…»

Il n'a pas dit ce qu'il aurait fini par faire, mais ça me paraissait sombre.

Il m'a demandé, devant mon silence prolongé:

«Tu ne dis rien?»

Non, je ne disais rien.

Je pleurais.

Et comme la démonstration de mes émotions, ce n'est pas mon sport favori, j'ai raccroché.

Mais tout de suite après, j'ai souri: aider tous ceux qui ont des rêves à passer à l'action c'est ma mission!

20

L'annonce de la mort : la plus grande leçon de vie !

L e lendemain matin, j'avais un petit-déjeuner au Ritz.

J'y vais au moins une fois par mois, car nous y voyons, Marc et moi, notre « mafia du Ritz ».

Ce sont des gens que l'on aime, qui nous inspirent, nous *challengent*, nous font rire, n'ont pas peur de réussir, ont déjà réussi et ne se croient pas obligés d'en rougir.

J'étais arrivée à l'avance, car Marc et moi avions des trucs à discuter.

Il arrive, on s'embrasse, il commande un déca à Joe, notre serveur préféré, et je lui annonce que j'ai retrouvé par un merveilleux hasard des extraits du journal d'hôpital de mon père.

Curieux, Marc veut les voir. Je lui tends mon cellulaire.

Il les lit aussitôt.

Les voici :

Hier, j'ai reçu mon diagnostic. Ou peut-être est-ce avant-hier, je ne sais pas. J'ai un peu perdu la notion du temps. Mon médecin m'a dit : « Je n'ai pas de bonnes nouvelles. » Je l'ai rassuré : « C'est pas grave, je suis bien assis, même que je suis couché. » Il a souri. Même si, de toute évidence, il n'avait pas envie de sourire, encore moins de rire. Ou alors il était simplement pressé. Il avait d'autres mauvaises nouvelles à annoncer à d'autres patients. C'était sans doute une bonne chose que je sois couché, car le diagnostic m'a assommé : adénosarcome des poumons métastasé partout même au cerveau. Me semblait aussi que je pensais plus comme avant !

J'ai dit : « Ah ! je vois ».

Je suis pharmacien, je sais bien que mon médecin me parlait de cancer, avec son adénosarcome et ses inconvenantes métastases. Et un cancer qui voyage en première classe jusqu'à ton cerveau, c'est rarement une bonne nouvelle pour ton petit moi. Qui se sent encore plus petit. Parce qu'une tumeur, surtout maligne, ça se développe en droite ligne. Vers ton cimetière. Ça grossit, ça prend de plus en plus de place : et l'ennui est que dans ta tête, l'espace est limité, même si parfois tu fais la grosse tête. Alors plus la tumeur augmente plus elle écrase des régions de ton cerveau, souvent fort utiles. Plus tu perds la tête, si j'ose dire.

On croise toujours les doigts avant de recevoir un diagnostic qu'on soupçonne être cancéreux.

On se dit : *Ça ne peut pas m'arriver à moi. Je n'ai rien fait de mal. Je n'ai jamais trompé ma femme. Je n'ai jamais fumé ou à peu près pas ! J'ai toujours mené une bonne vie. Pourquoi moi ?*

Quand ça tombe, ce n'est pas évident. Il me faudrait 100 pages de ce journal pour décrire toutes les émotions qui m'ont traversé l'esprit, l'esprit que me laisse cette tumeur au cerveau.

J'ai demandé au médecin : « C'est quoi, mon espérance de vie ? »

Question ridicule, je sais.

Mais tout le monde la pose en pareilles circonstances.

Il a répondu, prévisible, s'il en est :

« Je ne peux pas vous dire. »

Lorsqu'un médecin te dit : « Je ne peux pas te dire combien de temps il te reste à vivre, en général c'est qu'il ne te reste pas 10 ans dans ta besace, ni cinq ans, ni même un an : « Ne te prends pas une hypothèque fermée ou ouverte à long terme. Ta vie approche de son terme. »

Ce que ton médecin veut te dire sans oser le dire, c'est que ton espérance de vie, ou plutôt le baiser de la mort arrivera dans quelques mois, dans quelques semaines si Dieu le veut, en te disant, désolé, tu dois quitter les lieux !

Tu vis sur du temps emprunté.

Emprunté à qui ?

La sagesse populaire ne le dit pas.

Socrate ou Montaigne – il faudrait que je vérifie avec Eliane qui sait tout – a dit : « Philosopher, c'est apprendre à mourir. »

Mais quand tu apprends que tu vas mourir, tu deviens tout à coup philosophe, c'est plus fort que toi, même si justement tu n'as plus de forces.

Tu vois la vie d'une autre manière : la mort, paradoxalement, te donne une leçon de vie.

Je voyais la vie comme un pharmacien.

Maintenant je la vois comme l'Apothicaire de Dieu.

La seule chose qui compte, c'est l'AMOUR.

Je le réalise un peu tard, je sais mais…

Pense à une chose : on juge toute chose selon son état d'esprit du moment.

Même si tu as été malheureux toute ta vie, si lorsque vient le temps de quitter la scène, de dire au revoir à cette grande mascarade qu'est souvent la vie, tu as la récompense étonnante du bonheur, par quelque comptabilité céleste qui t'a échappé, peut-être simplement parce que tu as fait du bien et pensé aux autres au lieu de juste penser à toi, tu vois toute ta vie passée différemment.

Tu la vois comme un homme heureux.

C'est logique : on juge toujours de sa vie avec l'état d'esprit avec lequel on la juge au moment où on la juge.

Si tu es malheureux, tu pleures. Si tu es heureux, tu souris : tout est bien qui finit bien, comme disait Shakespeare !

Il n'y a que l'amour.

L'Amour avec un grand A.

L'amour de ceux que tu aurais dû aimer plus si tu n'avais pas autant aimé ton travail, que moi j'ai trop aimé, rongé par l'angoisse stupide de manquer d'argent, car je ne voyais pas la vérité qui est que toute la Vie est Abondance.

Oui, A-B-O-N-D-A-N-C-E !

Je le sais maintenant.

Ce ne sont que nos peurs et nos stupides idées qui nous empêchent de la voir et de la vivre.

Eliane a raison : il ne faut pas penser et vivre comme un Standard.

Il fallait simplement que l'idée de la mort, messagère philosophe, m'ouvre enfin les yeux.

Mais en ce moment, je reviens à la réalité, si j'ose dire : mon voisin de chambre, qui a un cancer de l'intestin, s'est levé de son lit, où il passe toute la journée à japper contre tout le monde – et même contre son adorable fille qui lui rend visite tous les jours – et il tente de se rendre à temps au petit coin, avec sa jaquette mal attachée qui ne cache pas son postérieur décharné. Trop tard, il se met à chier une merde liquide laissant sur le plancher une trace de son passage, qui emplit la chambre d'une odeur vraiment insupportable tant elle est pénétrante.

Un peu bizarrement, même si j'ai peine à respirer, et que j'ai plutôt envie de me pincer le nez, je l'envie.

Aveu bizarre, je sais.

Je m'explique.

C'est que moi, il y a trois jours que je suis constipé : je DOIS chier.

Mon bonheur – même provisoire – en dépend.

Marc Fisher n'a pas pu terminer la lecture de cet extrait nouveau du journal de mon père.

Il m'a remis mon cellulaire, il avait les larmes aux yeux.

C'était la première fois de ma vie que je le voyais pleurer.

Je le voyais toujours rire ou sourire, s'amuser de tout et de rien, délirer sur mes projets ou les siens.

C'est un homme heureux.

Je lui ai demandé : « Qu'est-ce qu'il y a ? »

Même s'il n'est pas un homme comme tous les hommes, il a prétendu, comme font tous les hommes pris en flagrant délit d'émotion :

« Rien, il n'y a rien. »

Mais son visage, ses larmes disaient tout le contraire.

Fine mouche, pharmacienne habituée à flairer les mensonges, même blancs, j'ai cru bon d'insister.

Je savais qu'il ne me disait pas tout.

Il a fini par tout m'avouer (ce que femme perspicace veut…) :

« C'est que cette histoire de merde… enfin, ce que je veux dire est que… quelques mois avant la mort de mon père, pour donner un peu de répit à ma mère qui le soignait, je l'ai pris chez moi. J'ai du *staff* bien entendu comme tout millionnaire digne de ce nom, mais mon père insistait pour que ce soit moi qui l'aide à aller aux toilettes. Quand il chiait, ça sentait fort, très fort. Ensuite, je l'essuyais. Comme il faut. Pour qu'il n'ait pas de bobos. De plaies de lit ou de pipi ou de caca, comme on dit. Chaque fois, j'avais envie de pleurer, mais je ne pleurais pas. Je me retenais du mieux que je pouvais pour ne pas lui faire de la peine, pour qu'il ne soit pas triste en comprenant que j'étais triste, moi, son seul fils.

« Il ne pesait plus que 40 kilos.

« Je voyais tous ses os.

« Auxquels s'accrochait sa peau.

« Ensuite, je lui remettais en souriant sa couche et je le recouchais.

« Pour qu'il attende sans effort et en tout confort la mort.

« Depuis ce jour, chaque fois que je vais aux toilettes, pour le numéro 1 ou 2, je ne sais plus, je pense à lui.

« À toutes les valeurs qu'il m'a laissées en héritage et qui valent plus que tous les millions de l'univers.

« Je pense à lui qui m'adorait.

« Il n'est plus là maintenant.

« Mais moi je suis encore là.

« Pour faire tout ce que je peux pour le rendre fier de moi. »

Marc Fisher, habituellement si bavard, ne trouvait plus les mots pour me dire la suite de sa pensée.

Pharmacienne, même sans ordonnance dans sa main, je savais la raison de son mutisme soudain.

Je me suis mise à pleurer.

Ensuite, il nous a fallu sécher vivement nos yeux, car arrivaient nos distingués invités, Serge Beauchemin, Christine

Michaud, André Dupuy, Marc Labrèche, Kim Lizotte, Sophie Bérubé, Scott Price, Caroline Codsi, André Dorais, Chan Tep, Janie Duquette, Nadia Sofia Segato et cie… tous pleins de rires et de projets fous !

21

L'affaire la plus importante de ta vie

Le 27 août 2015, au moment où nous achevions cet ouvrage, Céline Dion donnait une conférence de presse annonçant son retour tant attendu au Caesars Palace.

J'ai toujours admiré cette femme. Non seulement a-t-elle vendu plus de 200 millions d'albums à travers le monde, mais elle… dure depuis 25 ans, ce qui, dans ce métier, est aussi rare qu'exemplaire.

Quel est le secret de son succès?

Tout succès, surtout mondial, garde une part de mystère, certes, mais voici comment je l'explique, utilisant à nouveau, aux fins de concision et de rapidité, mon équation préférée: 1+1=2 $.

À la vérité, dans le cas de Céline Dion, comme tout est hors norme, il me semble que je dois forcément modifier légèrement l'équation et dire plutôt: 1+1+1=3 $ $ $ $ $ $ $ $ $ $ $ $.

1 :   talent, voix remarquable…

+

1 :   travail, discipline : elle va au gym, ne s'empiffre pas
comme un mauvais contribuable sur deux qui coûte
une fortune à l'État, pas de tabac, d'alcool, de drogue,
de vie déréglée de noctambule, de scandales : exemplaire vie de famille avant toute chose, ambition et
détermination : elle a tout fait pour réussir et, entre
autres, d'apprendre l'anglais… Elle a focalisé, elle n'a
fait que chanter toute sa vie.

+

1 :   un homme, René Angélil, son mari et gérant, et mentor qui a cru en elle, a hypothéqué sa maison pour
lancer sa carrière, avait des talents exceptionnels de
publicitaire et de négociateur : il a obtenu, par sa
force de persuasion et sa conviction dans le talent de
sa star en devenir, que Sony investisse 10 fois plus
que la somme prévue initialement dans le lancement
de sa carrière… (une autre des vertus de la négociation, mais je ne t'infligerai pas un autre chapitre à ce
sujet, même s'il y aurait tant de choses à dire, aussi
intéressantes que lucratives !)

=3 $ $ $ $ $ $ $ $ $

Quelques jours avant cette conférence, Céline Dion accor-
dait une entrevue d'une sincérité désarmante au journal *USA
Today*.

À un journaliste qui s'étonnait qu'elle remonte sur scène alors que son mari, frappé à nouveau par le cancer, n'en a visiblement plus pour longtemps à vivre, la diva a fait la réponse… étonnante : « C'est René qui a insisté pour que je reprenne le collier, parce que c'est ma passion. Il veut que… (pause attribuable à l'émotion extrême) que je me remette tout de suite à chanter. Je serai mieux préparée quand… quand il n'y sera plus… quand il veillera sur nous au ciel.

« Et pourtant… (elle a dû faire une brève pause pour contenir son émotion) René panique quand je ne suis pas dans la même pièce que lui. »

Même diminué, à l'article de la mort, René Angélil a le courage et la noblesse de pousser sa femme à continuer de vivre sa passion.

Moi, toutes les semaines, je reçois des femmes dont trois sur quatre me confient, souvent les larmes aux yeux, que leur petit ami (vraiment petit, en effet !), leur mari fait tout pour les décourager de se lancer en affaires, arguant qu'elles vont échouer, que ça menace leur couple.

Ça menace surtout leur petit ego et – leur zizi. Qui à chaque succès de leur femme diminue comme peau de chagrin : bientôt, on croira voir une puce, prépuce ou pas !

C'est lamentable !

René Angélil a 73 ans, il est diminué, sur le point de rendre son tablier dans le showbiz de la vie et pourtant il a noblement dit à sa femme ou à peu près, car je n'aime pas n'être qu'un perroquet : Retourne sur scène ! Fais ce que tu aimes, mon amour ! Fais-le pour nos enfants, car tu dois être forte, deux fois plus forte, pour cas d'absence prolongée de leur père. Même si je meurs, et je veux mourir dans tes bras : fais-le, fais-le pour tes millions de fans que tu aides à vivre ! »

Alors trouve ton René Angélil !

Bon, d'accord ils ne courent pas les rues. Mais ils se trouvent, j'en suis la preuve.

Trouve au moins un homme qui fait vraiment équipe avec toi, qui te supporte (même si parfois tu es insupportable, comme moi, je sais !) dans tes rêves, tes ambitions.

Le chemin vers le succès, surtout au début, est un combat, souvent solitaire, car personne ne croit en toi : si en plus tu dois te battre avec ton partenaire, tu n'en finiras jamais, ou pire encore tu ne commenceras jamais, si tu remets à plus tard les projets qui te tiennent à cœur, qui te font vivre, qui font battre… ton cœur !

Oui, 3 femmes sur 4 me confient – et je les comprends tellement, car ça m'est si souvent arrivé dans le passé –, qu'elles se sentent encore plus seules avec un homme qui ne croit pas en elles que si elles étaient vraiment seules : elles ont raison, la solitude a bien des noms.

Moi je dirais, largue-le, cet homme sceptique qui ne croit pas en toi ou pire encore se sent menacé par ton ambition, ton succès à venir, dont la certitude le rend… incertain au sujet de son avenir, de votre avenir !

Il a beau dire qu'il t'aime, c'est faux à mon avis.

En tout cas, il ne t'aime pas pour les bonnes raisons, il ne t'aime pas pour ce que tu es vraiment, car ce que tu es vraiment, c'est une femme qui veut devenir la prochaine jeune millionnaire, et ce, peu importe ton âge.

Ou chose certaine, tu veux aller au bout de tes rêves : peut-on vraiment te le reprocher ?

Il t'aime juste si tu te conformes à l'image qu'il se fait de toi : une femme jolie mais pas menaçante.

Alors donne-lui son congé : sans solde, je te prie !

Je sais, si tu as des enfants, ce n'est pas si simple.

Alors croise les doigts, prie le ciel, ou mieux encore – fais-le quand même !

On n'a qu'une vie à vivre…

Si tu ne vas pas au bout de tes rêves, qui donc y ira à ta placc ?

Si tu ne vas pas au bout de tes rêves, ne risques-tu pas de te retrouver dans une de mes pharmacies avec une ordonnance pour soigner ta dépression ?

On ne t'appellera pas Madame Cipralex, je te l'assure, mais est-ce vraiment la vie que tu voulais, toi, jeune femme belle de tes rêves, belle de tes ambitions, grande par tes ailes, qu'un homme qui te crie son faux grand amour veut t'enlever, jusqu'à ce qu'il puisse faire de toi sa servante, une femme pas menaçante comme il les préfère, même s'il n'ose pas le dire, car ça met en jeu son zizi, pas aussi glorieux qu'il le dit ?

Crois en toi !

Ose vivre tes rêves, si du moins c'est ton destin – et je le souhaite du fond cœur, mon amie, ma sœur !

Il y a plusieurs manières de vivre sa vie, et c'est toujours toi qui, à la fin, décides : mais à mon humble avis, la liberté est toujours le meilleur choix.

Ce n'est pas une question d'argent au fond – même si, en général, quand les gens te disent : «Ce n'est pas une question d'argent», c'en est presque toujours une.

Que tu deviennes millionnaire ou pas, ce n'est pas tellement ça qui compte.

Ce qui compte, c'est que tu aies essayé, c'est que tu aies plongé : c'est que tu sois passée à l'action.

C'est que tu aies vécu cette aventure incroyable à travers laquelle tu apprendras à mieux te connaître, et à développer ton caractère, et à augmenter ta valeur !

Oui, ta VALEUR !

Qui est ton meilleur passeport vers le bonheur.

Ceci est mon témoignage.

Ceci est mon message.

Ceci est mon héritage.

Je persiste et signe malgré toutes les critiques, toutes les protestations.

Je suis la jeune millionnaire.

Je suis la jeune millionnaire en affaires.

Et je sais que tu peux le devenir, toi aussi.

Si tu le veux.

Vraiment.

Constamment.

Tu es jeune, il est vrai, mais aux âmes bien nées la valeur n'attend point le nombre des années.

FIN

ou pour mieux dire :

DÉBUT...

de ta grande aventure vers le premier million – et il y en aura d'autres, crois-moi, surtout si... tu y crois !

1+1= 2 $

1 :　　Ta VALEUR.

+

1 :　　Ton ACTION.

=2 $:　TON PREMIER MILLION !

Et comme disait papa, à la fin, tu te rends compte qu'il n'y a que l'amour qui compte !

Alors pourquoi attendre à la fin, pourquoi attendre qu'il soit trop tard avant de vivre selon l'Amour ?

L'Apprenti Millionnaire : le testament d'un homme riche à son fils manqué, Brossard, 2009, 192 pages.

Croyez en vous même si on vous trouve fou ! suivi de *Le bonheur d'être moi*, Brossard, 2010, 160 pages.

Lettre à un ami malheureux ou La Quête du bonheur, Brossard, 2011, 272 pages.

Le Petit Prince est revenu…, Brossard, 2013, 320 pages.

Le Prophète et la femme seule : conte initiatique, Brossard, 2015, 192 pages.

Pour commentaires
et demandes d'entrevues, conférences,
VENTES CORPORATIVES DE LIVRES,
allez sur :

ELIANE GAMACHE LATOURELLE, AUTEURE

Facebook :
La Jeune Millionnaire
www.lajeunemillionnaire.com

∼

Facebook :
MARC FISHER, AUTEUR
www.marcfisher.biz

MARQUIS

Québec, Canada

RECYCLÉ
Papier fait à partir
de matériaux recyclés
FSC® C103567

Imprimé sur du papier Enviro 100% postconsommation
traité sans chlore, accrédité ÉcoLogo et fait à partir de biogaz.

100%   PERMANENT   BIO GAZ ÉNERGIE